小学科学+生活融合实践研究

主编▶ 谭晓泉　张俊锋

重庆大学出版社

U0724846

图书在版编目（CIP）数据

小学科学+生活融合实践研究 / 谭晓泉，张俊锋主编
.--重庆：重庆大学出版社，2022.7
ISBN 978-7-5689-3454-1

Ⅰ.①小… Ⅱ.①谭…②张… Ⅲ.①科学知识—教
学研究—小学 Ⅳ.①G623.62

中国版本图书馆CIP数据核字（2022）第121956号

小学科学+生活融合实践研究

XIAOXUE KEXUE + SHENGHUO RONGHE SHIJIAN YANJIU

主编 谭晓泉 张俊锋
策划编辑 范 琪
责任编辑：陈 力 张 琴 版式设计：范 琪
责任校对：关德强 责任印制：张 策

*

重庆大学出版社出版发行
出版人：饶帮华
社址：重庆市沙坪坝区大学城西路21号
邮编：401331
电话：（023）88617190 88617185（中小学）
传真：（023）88617186 88617166
网址：http://www.cqup.com.cn
邮箱：fxk@cqup.com.cn（营销中心）
全国新华书店经销
重庆升光电力印务有限公司印刷

*

开本：720mm×1020mm 1/16 印张：12.75 字数：210千
2022年7月第1版 2022年7月第1次印刷
ISBN 978-7-5689-3454-1 定价：49.00元

本书如有印刷、装订等质量问题，本社负责调换

**版权所有，请勿擅自翻印和用本书
制作各类出版物及配套用书，违者必究**

编委会

主　编：谭晓泉　　张俊锋

副主编：谢迎曦　　文德英　　周　园

编　委：赵子苇　　申　志　　周　娟　　周小云

　　　　邓小容　　向远超　　刘朝珍　　张文静

　　推进学科与生活的双向融合,将学习与生活深度连接,并将学生置于开放、真实的世界中解决问题,培养学生的核心素养和关键能力,是课程发展的应有样态和价值追求。2019 年 6 月 23 日,中共中央、国务院印发的《关于深化教育教学改革全面提高义务教育质量的意见》明确指出,要"坚持知行合一,让学生成为生活和学习的主人""探索基于学科的课程综合化教学,开展研究型、项目化、合作学习"。近年来,重庆市江北区玉带山小学努力实践"走向世界的第一站"的办学理念,以"培养创造未来中国的学习者"为育人目标。学校以综合实践活动课程为突破口,构建了从学科走向生活的"第一站"课程体系。

一、"第一站"课程体系——从活动走向课程,从学科走向生活

　　伴随着 2016 年《中国学生发展核心素养》的出台和 2017 年《中小学综合实践活动课程指导纲要》的颁布,玉带山小学的教师不断追问:如何让综合实践活动成为玉带山小学学生的专属课程?如何让核心素养真正落地生根?学校不断迭代,不断完善,用综合实践统整学校课程,构建了从学科走向生活的"第一站"课程体系如下图所示。

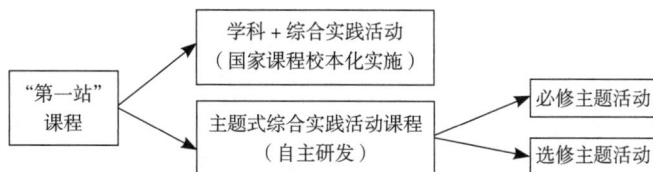

　　"第一站"课程体系由"学科＋综合实践活动"和"主题式综合实践活动课程"两大板块组成。其中,"学科＋综合实践活动"是指在确保国家课程标准、内容不减不降的前提下,减掉基础课程中国家基础课程与地方、校本课程中重复交叉的内容,软化学科界限,改变单纯以学科组织课程内容的做法,把地方、校本课程融入国家课程,突出学科在实际生活中的实践运用。"主题式综合实践活动课程"是根据教育部《中小学综合实践活动课程指导纲要》要求，结合学校育人目标，自主研发的由必修主题活动和选修主题活动组成的综合实践活动课程。

二、构建小学科学活动的生活化模式

现代教学理论认为：科学教学应从学习者的生活经验出发，将科学活动置于真实的生活背景中，提供给学生充分进行科学活动和交流的机会，使他们真正理解和掌握科学知识、思想和方法，同时获得广泛的科学活动经验。根据这一理念，我们努力让学生经历"生活—科学—生活"这样一个科学学习过程。在科学课程和活动设置上坚持四个原则，课程的开发也始终坚持四个原则：一是课程内容来源真实生活。当学习内容从文本走向生活，从有用走向有趣，学生认识世界的兴趣得到增强，改变世界的责任感和使命感得到发展。二是课程设计以问题为导向。课程和活动全部来自学生对现实问题导向的观察和思考，体现着学生的思维从现象观察走向深度探究，树立起"世界因我而变""我能创造未来中国"的信心。三是课程开展通过项目式学习。让学生在任务驱动下，沿着项目式探究思路，提升学习品质，保证学习效果。四是课程目标聚焦跨学科综合。学生不仅能把学科基础课程里的知识和能力尝试在真实情境中运用，还能综合应用各个学科知识和能力，即实现我校所倡导和践行的 A-STEM 教育。

本书收录了我校近年来围绕新时代小学生活教育实践研究所开展的科学＋综合实践活动的一些课程项目，以及师生的一些活动思考，由于编者水平所限，恳请读者批评指正！

编者

2021 年 10 月

目 录
CONTENTS

第一部分 项目课程

A-STEM 融入小学综合实践活动校本课程开发的实践与思考
——《妈妈的高跟鞋》课程设计、实施与反思

重庆市江北区玉带山小学校　谭晓泉

一、课程背景

课程设计依据：教育部颁布的《中小学综合实践活动课程指导纲要》指出：综合实践活动的开发与实施要克服当前基础教育课程脱离学生自身生活和社会生活的倾向，面向学生完整的生活。让学生回归生活世界！这是综合实践活动课程的立足点。只有牢牢抓住生活世界，才能设计和开发出真正的综合实践活动课程。要达到综合实践活动课程"活动育人"的目标，课程资源自然是"生活世界"。

作为一名男老师，我怎么会想到设计"妈妈的高跟鞋"这样的课程呢？根据学校第一站课程的总体框架，围绕学生的家庭开发课程内容，课程内容必须满足以下两个特点：一是学生对家里熟悉并感兴趣；二是符合学生的年龄和认知水平。作为课程设计师的我一直在反复思考一个问题：家中的东西很多，哪些是孩子们感兴趣的呢？哪些又是孩子们感兴趣并且能围绕它进行综合实践的呢？设想了无数个内容，要么孩子们不感兴趣，要么就陷入单一学科的综合实践，一个个设想被否决，实在是烧脑。一个周末，家中上五年级的女儿在玩耍时候拿出她妈妈的高跟鞋穿着玩，看着她一歪一扭地在客厅走路的样子，我忍不住笑着问她："你干吗穿妈妈的鞋子？"她说我看妈妈、阿姨们都喜欢穿高跟鞋，想试试穿起来是什么样子。"对了，老爸你说高跟鞋是谁发明的？妈妈有这么多双高跟鞋，为什么不给我买一双？"我一下子联想到在上数学课时，孩子们在计算穿鞋的最佳高度时总是兴趣盎然。对呀！孩子们对高跟鞋这么感兴趣，他们在看到高跟鞋时也会产生很多千奇百怪的问题。进一步分析这些问题，我发现孩子们的问题和想法中蕴含着丰富的学科知识。比如："高跟鞋从何而来"的背后蕴涵丰富的历史知识，"哪些人喜欢穿高跟鞋""穿多大多高的鞋"背后蕴含数学、信息技术、美学等知识，"设计一双自己喜欢的高跟鞋"则与艺术等多学科知识密切相关。但是这些问题过去都被我们家长、教师无情地忽视了，要么浅尝辄止，要么不了了之。

其实课程资源就在我们身边，就在孩子们的问题中，围绕高跟鞋这个载体，让孩子们学会观察，学会研究自己身边的事物。在2016年夏天，在"第一站"课程2.0版的课程开发论证会上这个想法一被我提出来，就得到了大家的高度认可。

二、课程规划

在我校第一站课程设计和开发中，课程总设计师邹校长特别强调了A-STEM教育理念。STEAM的内涵大家都很熟悉，在于重视科学、技术、工程、艺术和数学的整合，旨在提高学生探究和解决实际问题的能力，是当前国际教育热点之一。而我校在2016年课程顶层设计时就提出将"A"前置。这里的"A"不仅是"ART"艺术的首字母，也代表着"首要"的意思，其独特的内涵指"人文素养、家国情怀、批判性思维、哲学思考、思维工具"等核心素养。这也标志着我们对人才培养的独特倾向。

因此，在选择课程内容和确定活动主题时我们就重点考虑选择能综合多学科知识的问题和活动。让学生在解决现实生活与实践中的问题时，可以彻底打破某个单一学科的界限，从所有学科中随机选用知识。同时在能力倾向方面，我们把认知能力、合作能力、创新能力等关键能力作为重点考虑对象，详见下表：

课程内容	高跟鞋从哪里来	谁喜欢穿高跟鞋	妈妈的高跟鞋	穿高跟鞋好吗	高跟鞋嘉年华
设计意图	让学生从历史的角度去研究高跟鞋，通过鞋的变迁历史感受时代的变迁	让学生以小组为单位提出问题，然后进行问卷调查，利用信息技术进行数据分析。写出调查报告并掌握问卷调查的方法，感受数据分析在生产生活中的巨大作用	掌握欧洲码、美国码、中国码的换算方法，动手测量脚的大小，计算符合美学的高跟鞋的最佳高度。感受数学与审美、数学与生活的广泛联系	让学生从健康和美学的角度去认识高跟鞋，了解高跟鞋与健康之间的关系，然后开展辩论赛，学会辩证地看待身边的事物，美丽的不一定是健康的，适合别人的不一定适合自己	让学生通过画、折、3D打印、制作自己最喜欢的高跟鞋。让学生以自己最喜欢、最擅长的方式设计出最有创意的高跟鞋
成果展示	绘制变迁图或者手抄报	问卷调查表和调查报告	家庭成员鞋的尺码表	辩论赛	一双高跟鞋作品

续表

课程内容	高跟鞋从哪里来	谁喜欢穿高跟鞋	妈妈的高跟鞋	穿高跟鞋好吗	高跟鞋嘉年华
整合学科	语文、历史	数学、信息技术	数学、美学	生理学、语文、哲学	艺术、工程
关键能力	认知能力	信息加工、合作能力	实践能力、解决问题能力	语言表达能力、思辨力	实践能力、创新能力、审美能力

五个板块内容在资源使用方式上整合：接受性学习方式与研究性学习方式整合；动手、动脑整合；个人与集体整合，进而达到"科学的真"与"艺术的美"整合。

三、课程实施

一是学习内容的开放。整个课程的内容是开放和动态生成的。以"谁喜欢穿高跟鞋"为例，让孩子们去选择自己感兴趣的问题，去设计问卷形式和进行数据分析。有的孩子从年龄段的角度去思考，有的孩子从不同职业的角度去思考，有的孩子从穿着场合去思考，得到的答案各不一样。开放的内容让学生有了选择的权利，也就有了研究的兴趣，参与程度得到了提高，生成的成果也更有创造性。在主动参与的过程中，孩子们的沟通能力、数据分析能力和解决问题的能力也就水到渠成地得到了培养。

二是课程结构的开放。与传统的封闭式教材结构不同的是，这个课程会随着孩子们的学习状况进行有针对性的调整。比如"妈妈的高跟鞋"中亲自动手制作或利用 3D 打印机打印都是最初课程设计时所没有的，因为当时考虑到实施起来比较困难，仅仅设计了纸折这一内容。但通过中期问卷调查发现，孩子对这块内容十分感兴趣，所以学校不惜重金请来专业师傅、买来 3D 打印机让学生去学制作、学打印。二是学习场所和资源的开放。再好的课程也必须通过良好的课堂实施得以实现。课程的综合化，无疑对长期从事单一学科教学的老师是一个巨大的挑战。为确保课程实施效果，我们把封闭的课堂变成了开放的课堂，让孩子们走出去，去调查鞋店的顾客，去测量妈妈脚的大小。同时，我们又采用请进来的办法，将有设计专长的家长、鞋厂的专业师傅、大学的教授和退休教师请来，为孩子们上课。

围绕整个课程，学校、家庭、社会成了一个整体，学生动起来了，也活起来了。

四、课程收获

课程实施两年来，一是孩子们对这个课程非常感兴趣；二是学生运用多学科知识认识事物和实践创新能力得到有效培养；三是学生们的问题意识和研究意识明显提高。

综合实践活动课程的开发与组织，以"问题解决"取代"知识传授"为核心和线索，在学生与生活、社会和科学技术之间，搭建起一座四通八达的"立交桥"。在解决问题的过程中，学生必将运用已经掌握的技能和方法来摸索。这种基于"问题解决"的实践性学习活动，不仅需要收集信息进行理解、领会，而且需要在真实的问题情境下试图运用这些知识去解决问题。这样的学习是一种超越"传授知识"的学习，是一种研究性学习，通过研究性学习，孩子们逐步掌握了解决问题的基本方法和程序，学会发现问题、探究问题，进而运用科学的方法分析和解决问题，从而提升学习能力。因此在"妈妈的高跟鞋"这个课程中，我们都以解决问题为目的开展研究性活动。以"谁喜欢穿高跟鞋"为例，我们让孩子们去选择自己感兴趣的问题，去设计问卷形式和进行数据分析。有的孩子从年龄段的角度去思考，有的孩子从职业的角度去思考，有的孩子从穿着场合去思考，进而得到的答案也不一样。开放的内容让学生有了选择的权利，有了研究的兴趣，参与程度得到提高。在主动参与的过程中，孩子们的沟通能力、数据分析能力和解决问题的能力也就得到了有效培养。孩子们为了制作巨型高跟鞋，专门成立一个小组，从材料的选择到款式和色彩的确定，孩子们各抒己见，一起讨论最后达成一致意见，确定最终方案。在实际制作的过程中，长达 2 m、高 1 m 的高跟鞋如何定型成了大问题，孩子们不断向科学老师、数学老师请教，不断试验，终于找到解决问题的办法。这种"亲历实践，深度探究"的全过程体验，带给学生的是耳濡目染的深刻体验和内心世界的丰富。例如：五年级五班段同学说："高跟鞋虽然很漂亮，但是制作起来却非常麻烦。从设计到完成，不知要花多少时间和精力，不知要经过多少道工序，才能制作一双美丽的高跟鞋。我在制作高跟鞋时，不知多少次胶水滴在我的手上，撕也撕不掉，还有一种火辣辣的感觉。我真是历经磨难才做出了一只高跟鞋，虽相貌不如人意，但我却对它十分喜爱，因为这是我辛辛苦苦制作的高跟鞋，有谁不爱自己辛辛苦苦制作出来的东西？"

综合实践活动从本质上看是一种基于实践的学习。它强调学生的"体验""体悟""体认"。因此可以说综合实践活动是由学生"做"出来的。只有在亲身"动手做、实验""探究""设计""创作""反思"等一系列活动中发现问题、解决问题、体验和感受生活，实践能力和创新能力等核心素养的培养才能真正落地。我们秉承这一理念，坚持让学生"做中学、学中做"。以"设计一双自己喜欢的高跟鞋"为例，学校请来了鞋厂师傅、大学教授跟孩子们一起认识材料，一起剪裁，一起动手制作，体验高跟鞋制作的真实过程。2016 年，孩子们在此基础上设计了很多创意高跟鞋，具体见下图。

2017 年，学校开展"大手牵小手"活动，教新生制作高跟鞋。新生们进而联想到能不能把高跟鞋做成其他艺术品，于是便利用高跟鞋制作了门帘、胸针、耳环等充满创意的作品，具体见下图。

有的孩子为了研究多高的高跟鞋才能符合美学上的黄金比，经过一个月的反复探究，在数学老师的帮助下，终于总结出了最佳高度 =（身高 ×3- 腿长 ×5）÷2

的公式。还有的孩子设计了自己的"春、夏、秋、冬"系列高跟鞋，并向全校学生展示，其精彩的创意和独特的审美让人惊叹！

就是在这些不断进行的"动手做、实验""探究""设计""创作""反思"过程中，一次次分享在这里展开，一个个创意在这里落地，一次次合作在这里促成。核心素养的培养悄然落地，实践育人的目的也就水到渠成了。作为课程设计师的我很好奇下一届的孩子们又将玩出怎样的"创意和精彩"呢？

（该课程荣获中国教科院首届 A-STEM 最佳课程资源奖）

A-STEM 项目课程《多功能鞋的设计》

重庆市江北区玉带山小学校 张俊锋

一、项目概述

1. 项目背景

本项目是学校"第一站"课程"家"系列的 3.0 版本的一次项目课程尝试。结合学校"培养创造中国未来的学习者"的办学理念，以"未来生活"为主题，从学生生活中离不开的鞋子出发，发现鞋子存在的问题，引发学生思考：2050 年的今天，设计一双适合（   ）穿的多功能鞋。本项目面向四年级的学生。

2. 项目课时计划

16 课时。

3. 项目目标

本项目从学生的真实生活情境出发，以未来生活为主题，让学生感受生活的变化，从而激发学生探索未来的兴趣，以富有挑战性的驱动性问题为导向，调动学生的高阶思维，培养学生的创新精神、创新能力以及运用所学知识解决问题的能力。

科学：了解鞋的历史及功能的演变、鞋的种类、材料特性等，并应用这些知识设计一双能满足各种需求的多功能鞋。

技术：通过编程以及增加一些物理结构，实现鞋子的多种功能。

工程：了解工程设计、制作的过程，体验鞋子设计和制作的过程。

数学：根据所学数学知识，绘制鞋子的设计图。

艺术：了解鞋子的时尚元素，培养学生的审美能力。

二、任务规划

项目驱动性问题：设计一双适合（   ）穿的多功能鞋。

课时安排	阶段驱动性问题	核心任务	学习要点与项目整体关系
第一阶段（3 课时）	我想为（ ）设计一双多功能鞋	分析现在鞋子存在的问题，确定多功能鞋的设计方向和理念	基于真实情境的入项活动

续表

课时安排	阶段驱动性问题	核心任务	学习要点与项目整体关系
第二阶段（4课时）	设计一双多功能鞋，需要哪些知识和技能	学习设计多功能鞋具备的知识和技能	基于实践活动的知识与能力建构
第三阶段（3课时）	怎样设计才能实现多功能鞋子的功能	多功能鞋子设计图的迭代	基于工程设计的探索与形成成果
第四阶段（3课时）	根据设计图纸，你能将设计图转变成模型吗	多功能鞋子模型的制作、测试和改进	基于产品迭代的修订与改进成果
第五阶段（3课时）	如何向社会大众发布和宣传你的多功能鞋	举行多功能鞋子发布会并反思项目学习	成果推广、反思与迁移

三、学习活动安排

（一）第一阶段（3课时）

学习目标：

①通过团队建设，认识同伴。

②通过观看视频、分享感受，明确核心问题，了解核心任务。

③通过分析现在鞋子存在的问题，确定多功能鞋的设计方向和理念。

核心问题：我想为（ ）设计一双多功能鞋。

评价策略：评价量表（见附件一）。

所需材料：学生活动手册、视频、平板电脑、马克笔。

学习活动：

1. 寻找伙伴

学生通过简单的热身游戏，认识同组的其他成员。

2. 迎接挑战

①观看视频，了解鞋的历史及功能演变，发现现实生活中鞋子存在的问题。

②思考：我想为（ ）设计一双多功能鞋。

③聚焦核心任务：设计一双适合（ ）穿的多功能鞋。

组内初步讨论设计方向和理念，借助学生活动手册和表格，记录关键词句。

在班内交流与分享小组的设计方向和理念。

3. 解析任务

【核心任务】多功能鞋子设计需要考虑的因素

（1）解析核心任务：分析多功能鞋子设计需要考虑的因素（功能、结构、成本、品牌）。

（2）专家组分工，明确职责：成立功能设计师、结构工程师、造价工程师、产品推广师专家组，并明确职责。

4. 阶段任务

完成《活动手册》第2-6页。

（二）第二阶段（4课时）

学习目标：

①通过对功能设计、结构外观、材料成本、品牌文化等多方面的学习，进一步了解多功能鞋子的构造。

②围绕多功能鞋子设计的标准，通过运用所学的知识，形成思维导图，组内讨论，调整设计方向和理念。

③通过组间交流及分享设计方向和理念，相互学习，取长补短。

核心问题： 设计一双多功能鞋需要哪些知识和技能呢？

评价策略： 评价量表（见附件一）。

所需材料： 资源包、平板电脑、编程套装、马克笔。

学习活动：

1. 专家组学习

【核心任务】学习多功能鞋子设计需要具备的知识和技能

功能设计师： 学习鞋子的各种功能以及实现功能的编程，绘制思维导图。

结构设计师： 学习鞋子的结构、外观知识，绘制思维导图。

造价工程师： 学习成本预算、结算相关知识，了解各种材料的特性，绘制思维导图。

产品推广师： 了解品牌文化，学习商标设计和产品推广技巧，绘制思维导图。

（专家组学习，分3课时进行，每次学习完成后，小组内交流学习心得。）

2.拼图组调整并分享设计方向和理念

（从专家组回到拼图组学习区域）初步调整、补充设计方向和理念，在班内进行交流与分享。

3.专家考察

带着需要解决的问题到鞋厂去参观考察。

四、阶段任务：完成《活动手册》第7-18页和思维导图

（三）第三阶段（3课时）

学习目标：

①通过专家组选材实践，发现不同材料的优劣，改进并定稿设计示意图。

②通过概念发布会的方式，分享小组的设计示意图，培养学生善于合作表达和倾听的能力。

核心问题：怎样设计才能实现多功能鞋子的功能?

评价策略：评价量表（见附件一）。

所需材料：鞋面、鞋底材料包、装饰材料包、编程套装、平板电脑、马克笔。

学习活动：

1.绘制设计示意图初稿

（1）拼图组讨论、修改多功能鞋的设计方向。

（2）拼图组绘制设计示意图初稿。

2.组间论证、改进设计示意图

（1）根据设计示意图与其他小组分享本组设计，组间根据产品设计的标准进行论证。

（2）小组讨论，改进设计示意图。

3.拼图组分享

围绕改进后的设计方向和理念，分享设计图（阐明设计中的最大亮点）。

4.专家组实践

（1）结构工程师：完善结构设计图、改进外观设计图，确定改造使用的材料。

（2）功能设计师：确定功能设计，选择功能元件。

（3）造价工程师：确定模型制作材料，初步计算制作模型材料的成本。

（4）产品推广师：确定鞋子商标，完善商标图。

5. **拼图组定稿并分享设计示意图**

（1）小组讨论，围绕多功能鞋子的4个标准修正并定稿设计示意图。

（2）根据定稿设计示意图，4位成员分别阐述结构外观设计、功能设计、材料成本预算、品牌推广4个方面的设计方向和理念，达成共识后形成多功能鞋的设计图。

6. 阶段任务

完成《活动手册》第19-22页和多功能鞋设计图。

（四）第四阶段（4课时）

学习目标：

①通过模型的制作，培养学生动手实践和解决问题的能力。

②通过模型测试，发现本组模型的优劣，找到模型改进方向。

③通过组内头脑风暴分析初测试结果，小组讨论，根据设计标准改进模型，培养解决真实问题的能力。

④通过组内思辨，学会倾听，培养小组合作表达观点的能力。

核心问题：根据设计图纸，你能将设计图转变成模型吗？

评价策略：评价量表（见附件一）。

所需材料：材料包、功能元件、平板电脑、打样纸、剪刀等。

学习活动：

1. 拼图组制作模型

根据定稿设计示意图，制订材料清单并领取材料。小组分工，制作模型并组装（尽量高度还原设计示意图）。

2. **拼图组测试、改进模型，完成产品迭代**

【重点任务】完成测试和产品迭代

（1）模型测试

制作完成前测试场地仅供参观。制作完成后每组有5 min时间测试，按照申请顺序依次进入场地。测试的过程中记录测试结果。

（2）模型改进

根据测试结果，修改设计图，改进模型。

3. 拼图组准备产品展示会

小组分工，分别进行模型修正和短片拍摄（外部特写、内部聚焦、拍摄花絮等）。

4. 阶段任务

完成《活动手册》第 23-25 页和多功能鞋模型制作。

（五）第五阶段（3 课时）

学习目标：

①展示自己小组设计制作的模型，激发学生个性潜能、培养团队合作精神，综合提升学生的人文素养、科学素养、交往素养。

②了解其他小组设计制作的模型，对比聚焦亮点，在平等、开放、互动的学习环境中产生获得感，形成持续的学习生长力。

核心问题：如何向社会大众发布和宣传你的多功能鞋?

评价策略：评价量表（见附件一）。

所需材料：终端测试场景、颁奖奖牌。

学习活动：

1. 拼图组产品审核上市终端检测和产品验收

①正常活动。

②智能功能测试。

③上市准备。

围绕核心任务，从结构外观、功能设计、材料成本、品牌推广 4 个方面介绍多功能鞋子的卖点。

结构工程师：介绍空间布局及结构优化的过程、外形设计理念及设计创意。

功能设计师：介绍并演示鞋子的智能功能。

造价工程师：阐述选择该材料的原因，公布多功能鞋子的成本和市场销售价。

产品推广师：宣传品牌设计理念及品牌精神。

2. *产品展示会和评奖颁奖*

①各组配合宣传短片依次汇报，班内举行产品展示会。

②师生之间相互观摩并根据评价表选出最佳作品奖、最佳合作奖。

③通过自评、专家组评、拼图组评等方式推选出 6 名金牌设计师。

④颁发最佳合作奖、最佳作品奖、金牌设计师等奖项。

3. *回顾项目历程*

①学生从拼图组和专家组两个维度围绕核心任务进行设计制造和知识技能学习方面的反思，并在拼图组内互评小组合作的得失。

②学生总结交流项目学习过程中最满意之处和待改进之处。

4. *阶段任务*

完成《活动手册》第 26-27 页和发布会宣传视频。

附件一：作品评价量表

作品评价量表

评价项目	评价标准		
功能设计 （　　）	☆☆☆ 实现 3 种及以上功能，并且功能新颖有创意	☆☆ 实现两种功能，并且有一定有创意	☆ 只实现一种功能
结构设计 （　　）	☆☆☆ 尺码标准，结构设计合理	☆☆ 尺码偏差小，结构设计一般	☆ 尺码偏差大，结构设计不合理
外观设计 （　　）	☆☆☆ 外形美观大方，色彩搭配合理，工艺精致	☆☆ 外形一般，色彩搭配适当，有一定工艺	☆ 外形欠佳，色彩搭配不协调，工艺欠缺
材料设计 （　　）	☆☆☆ 材料环保，种类选择适宜	☆☆ 材料环保，种类选择繁杂或单一	☆ 材料不环保，种类选择繁杂或单一
成本造价 （　　）	☆☆☆ 成本低	☆☆ 成本适中	☆ 成本过高
品牌设计 （ 　　）	☆☆☆ 设计理念新颖，LOGO 设计美观	☆☆ 设计理念一般，LOGO 设计普通	☆ LOGO 设计与理念不契合

A-STEM 项目课程——《未来船舶工程师》

重庆市江北区玉带山小学校 周娟

一、项目概述

1. 项目背景一：重庆地域特点

重庆是长江上游地区最大的港口城市，位于长江和嘉陵江的交汇处，处于中国西部最富饶的四川盆地与长江中下游交往的必经之路，由于居于水运中心的位置，码头多，对船的需求量也大。船的运行速度虽不如汽车、飞机那么快，但是它一次的运货量远远超过了汽车、飞机和火车。例如，一艘载重十万吨的天然气运输船，一船天然气能供整个上海市市民使用一个月。据统计，国际贸易中87%的货运是靠船舶来运输的，可见船是非常重要的交通工具。

2. 项目背景二：中国造船业现状

中国造船业虽然已经取得举世瞩目的成就，但是我国船舶制造企业配套能力落后。配套设备国产化率低下，严重影响了船舶产品的市场竞争力，已成为制约我国船舶制造未来发展的最大障碍。世界船用设备生产主要集中在东亚、欧洲及美国，欧洲是船用设备研发、制造中心，几乎覆盖所有船用设备，占世界市场份额 40%~50%，并掌握主要船用设备、高端产品的设计和核心部件的制造；东亚主要是产品制造中心和部分设备的设计中心：日本船舶的配套业居世界领先地位，规模大、品种全、体系完整，占世界市场份额 35%~40%；韩国经过 20 多年的迅速发展，中速柴油机、甲板机械、舱室机械、螺旋桨等研制已达到国际水平；我国主要负责船用设备制造，设计主要依赖国外，国产设备装船率 40%~50%，舱机械、通信导航自动化设备基本依赖进口。

掌握高精尖技术，国家才能更强大，中国造船产业要得到更好的发展，归根结底需要有更多高精尖技术人才，中国需要培养属于祖国的船舶工程师。

3. 项目目标

本项目以家乡重庆的地域特点创设情境导入（重庆是港口城市，是长江流域重要的水上交通枢纽站，货运量大，对船只的需求量大），以中国远洋海运集团船长的现实说法，让学生感知中国造船业的现状，以培养中国"未来船舶工程师"为项目主题，培养学生为祖国而学习的爱国情怀和使命感。

该项目设计融合 PBL 项目学习与 STEM 理念，以富于挑战性的驱动性问题为导向，调动学生的高阶思维，通过知识建构、实践操作达成深度学习，综合运用科学、数学等多学科的知识解决工程设计问题，建立提出解决方案、设计并制作原型，测试原型，提出新方案，设计制作新原型的工程思维。通过对船的设计制作、论证改进、测试迭代、成果展示，在探究性实践、技术性实践、调控性实践、社会性实践、审美性实践中形成合作、互助、共享的学习品质，提高动手实践能力、分工协调能力和合作探究能力。

科学：了解船的发展历史、船舶的种类、船舶安全行驶的相关因素：吃水线、载重量、排水量、动力、结构、船的体积大小等相关知识，并应用这些知识造一艘功能独特、能在特定水域安全行驶、载重量不少于 1 kg 的船。

技术：能操作和使用美工刀、锯子、热熔胶枪、电热丝切割机、激光切割机等工具，对材料进行简单的加工、测量、切割等，知道技术设计的一般过程。

工程：能将创意转化为模型或实物，了解工程设计、制作的过程，体验造一艘船的工程设计和制作过程。

数学：初步建立数学建模思维，能用计算的方法应用。

艺术：结合船舶的用途，造出性能与艺术美感兼具的船。

4. 项目课时计划

24 课时。

二、任务规划

项目核心任务：

制造一艘具有某种特殊功能、外观独特、有一定载重量且能在特定水域独立航行的船。

阶段驱动性问题	核心任务	学习要点与项目整体关系
你想造一艘具备什么功能的船？	了解船的发展史和现状，确定船的功能设计方向和理念	基于真实情境的入项活动
造一艘船，需要具备哪些知识和技能？	学习造一艘船需具备的知识和技能	基于实践活动的知识与能力建构
造一艘船要经历哪些步骤？首要步骤是什么？	船设计图的迭代	基于工程设计的探索与成果形成
你能根据设计图纸，制作船的模型吗？	船的模型制作、测试和改进	基于产品迭代的修订与成果改进
如何让更多的人知道我们船的优势？	举行船舶展览会并反思项目学习	成果推广、反思与迁移

三、学习活动安排

为了更有效地进行深度学习，培养合作解决问题能力，在学习活动方式上，本项目采用"拼图教学法（The Jigsaw Method）"，其原理为"各小组将学习任务进行分解，拆分给不同的组内成员。各组承担相同子任务的成员重新分组学习，开展同领域的探究研讨。完成子任务学习后，组员又回到原组，将学习成果进行分享。每位组员将分解的子任务进行整合，通过各自掌握的知识点，共同开展合作，完成教学任务"。因此，每个学生会同时具备两个身份：一是拼图组成员，二是专家组成员。以下是对"拼图组"和"专家组"的具体阐述。

1. 拼图组（船的设计和模型制造团队组）

学生在开展项目活动过程中，小组合作完成船的设计、模型制作、测试等任务。学生在专家组完成相应知识储备和技术学习后，回到拼图组进行船的设计和模型制作，最终以团队合作的形式，完成船模型的测试、改进和展示。

2. 专家组（造船技术支持专家组）

学生在进行船的设计过程中，根据船的设计需求，分为动力设计组、结构设计组、外观设计组、成本精算组 4 个专家组。学生根据自己的兴趣特长选择一个身份开展"专家"学习，每个拼图组拥有 5 位不同专业方向的"小专家"。他们在专家组通过探究学习，贮备船设计和制造的基础知识和基本技能，确保回到拼图组后能共同解决核心任务。

在本项目的学生活动中，设置了不同比例的拼图组活动时间和专家组活动时间：学生在专家组中完成知识储备、进行动手实践、随时提问求助，以建构知识与能力。该过程更关注深度学习的能力发展；在拼图组中讨论设计方向和理念、进行设计图的绘制与改进、实现实物模型的制作测试与迭代，对项目成果不断探索修订直至公开发布，该过程更关注学习成果的综合推进。"专家组"和"拼图组"活动方式的最终目的是解决核心问题，完成核心任务。

第一阶段（3课时）

学习目标：

①通过团队建设，认识同伴，了解同伴。

②通过观看项目招募令，了解核心任务。

③通过了解船的发展史和现状，确定船的功能设计方向和理念。

核心问题：我想造一艘具备什么功能的船？

所需材料：学生活动手册、彩色卡纸、PPT、视频、马克笔。

学习活动：

活动一：团队建设

1.【热身活动】破冰游戏

游戏名称：快速反应。学生通过简单的热身游戏，营造轻松的课堂氛围，促进学生之间的相互了解。

2.【自我介绍】绘制写有自我介绍的手掌（认识自我），带上手掌去了解他人（增进同学之间的进一步了解）。

3.【团队组建】自由组合寻找组员。

组成4人小队，确定队名、口号。

活动二：迎接挑战

一、整体感知，引发共情

1.【感知】了解重庆的码头现状，感知船作为运输工具的重要性。

2.【共情】了解中国造船业的现状，船长发布项目招募书，倡议同学们加入"未来船舶工程师"项目。

二、头脑风暴

1.【核心任务】造一艘具有某种特殊功能、外观独特、有一定载重量且能在特定水域独立航行的船。

2.【头脑风暴】开展头脑风暴，讨论造一艘船需要考虑哪些因素?

3.【聚焦】在现实生活中，造一艘船是一个庞大的工程，需要考虑的因素有很多，如船的大小、载重量、材料、动力、外形等，将其归类整理成4个部分。

4.【分工合作】按照聚焦的设计因素，将小组内成员分为：动力设计师、外观设计师、结构设计师、成本精算师，讨论并完成小组内成员分工。

职　务	岗位职责	负责人

5.【初步设想】你想造一艘具备什么功能的船? 尽情发挥我们的奇思妙想吧。

初步造船方案：

第二阶段（4课时）

学习目标：

1.通过对船的功能设计、结构设计、外观设计、成本计算、图纸绘制、材料属性等多方面知识的学习，了解造一艘船需具备的工程和技术基础。

2.小组内讨论并形成船的设计方案，尝试绘制图纸、制定材料预算清单。

3.通过组间交流分享，启发灵感，发现问题，完善对方案的修改。

核心问题： 造一艘船，需要具备哪些知识和技能？

所需材料： 课程资源包、身份徽章、平板电脑、编程套装、马克笔、学生活动手册等。

学习活动：

一、专家组学习

①学习拼图法。

②根据组内分工，拼图组内成员带上身份徽章，到相应的专家组区域就座，开展学习并做好学习记录。

动力设计师： 了解船的动力装置、动力方式，各种动力的优劣，马达与螺旋桨的安装方法，学习掌控板的使用与编程。

结构设计师： 了解船设计过程中如何实现结构与功能的结合，如船的大小、形状、吃水线等与船舶载重量的关系。

外观设计师： 了解船的外观设计需要考虑哪些因素，如何实现外观与船功能的结合。

成本精算师： 了解造船成本构成，保证船性能的前提下兼顾成本效益，初步建立成本控制思维。在成本和船的性能之间寻找更好的性价比。

（专家组学习，分3课时进行，每次学习完后，小组内交流学习心得。）

二、分享、交流与修改

从专家组回到拼图组学习区域，组内分享学习内容，并提出对设计方案的思考。

①拼图组内讨论设计方向和理念，形成统一的设计方案。

②全班交流设计方案，搜集修改意见及建议。

③根据交流后的意见，修改设计方案，形成方案定稿。

第三阶段（3课时）

学习目标：

①了解造一艘船的步骤，学会分工合作。

②学会图纸绘制，包括俯视图、侧视图、分结构图。

③通过船舶展览会的方式，分享小组的设计方案与图纸，培养学生善于合作表达和倾听的能力。

④感知工程设计的重要性。

核心问题：造一艘船要经历哪些步骤？首要步骤是什么？

所需材料：4K素描纸、绘图工具、船舶俯视图、侧视图、分结构图等。

学习活动：

一、能量补给站（拼图组学习）

①工程建造知识学习：造船的步骤有哪些？

②识图学习：以"远福洋"轮的图纸为例，学习船舶图纸的设计和绘制。

二、图纸绘制

根据小组的设计方案，绘制船舶俯视图、侧视图和分结构图。

三、分享、交流与修改

班级内分享设计方案与图纸，论证设计的可行性与合理性，搜集修改意见与建议，形成设计方案与图纸定稿。

第四阶段（12课时）

学习目标：

①通过模型的制作，培养学生动手实践和解决问题的能力。

②通过对不同材料的处理，学会多种工具的使用。

③通过模型测试，发现本组模型的优劣，找到模型改进方向。

④通过组内头脑风暴分析测试结果，小组讨论，根据设计标准改进模型，培养解决真实问题的能力。

⑤通过组内思辨，学会倾听，培养小组合作表达观点的能力。

核心问题：根据设计图纸，你能将设计图转变成模型吗?

所需材料：材料超市各类材料及价格清单、各类工具及价格清单、学生活动手册、材料采购清单、船舶建造计划表等。

学习活动：

一、材料及工具购买

①根据设计图纸，制订材料清单并到材料超市购买所需材料。

②到超市管理员处预定工具使用时间，如激光雕刻机、泡沫切割机、热熔胶枪等。

③成本精算师做好材料采购清单记录。

二、模型制作

①制订船舶建造计划表。

②小组成员分工合作，制作船体模型并组装（尽量高度还原设计图）。

三、产品测试与迭代

1. 模型测试

将做好的模型放入水池中测试，观察存在的问题，小组讨论并形成修改意见。

2. 模型改进

根据测试结果，修改设计图纸，改进模型测试中存在的问题。

3. 再次测试与修改

多次测试并改进模型，使其达到预期设计效果。

第五阶段（2课时）

学习目标：

①多种方式展示各小组设计制作的模型，激发学生个性潜能，培养团队合作精神，提升学生综合素养。

②了解其他小组设计制作的模型，对比聚焦亮点，在平等、开放、互动的学习环境中产生获得感，形成持续的学习生长力。

核心问题：如何让更多的人知道我们船的优势?

所需材料：大型水池、颁奖奖牌。

学习活动：

一、船舶展览会准备

围绕核心任务，从结构、动力、外观、成本控制等角度展示小组船模。

①小组内确定中心发言人，主讲船的设计亮点与理念。

②根据组内成员的分工，各自梳理发言内容。

③制作项目过程短视频。

二、船舶展览会和评奖颁奖

①各组配合宣传短视频依次汇报，班级内举行船舶展览会。

②师生之间相互观摩并根据评价表选出最佳设计奖、最佳合作奖。

三、回顾项目历程

①学生从拼图组和专家组两个维度围绕核心任务进行设计制造和知识技能学习方面的反思，并在拼图组内互评小组合作的得失。

②学生总结交流项目学习过程中的收获与感言。

城市消声——设计制作轻轨消声装置

重庆市江北区玉带山小学校　赵子苇

一、项目背景

随着社会经济和城市化的快速发展，私人和公共交通工具逐渐增多。为了实现人类与城市、环境的和谐共生，我们必须要保护环境，合理采取措施来降低噪声污染及其危害。我们可以通过限制交通流量来降低各种交通工具的行驶噪声，但更重要的应该是为各种交通工具如汽车、轻轨、地铁设置降噪装置，从而最大限度地减少噪声带来的负面影响。

二、教学建议

教学对象为四年级学生，4人为一小组，课时计划3课时。

三、教学目标

本项目通过让四年级学生了解声音产生与传播的基本知识，结合城市生活中真实存在的需要解决的噪声问题，让学生从分析问题、解决问题的过程中巩固所学，并探讨如何去解决新问题，培养创新能力。同时，通过让学生动手实践，体会科学、工程等学科在真实生活中的融合运用，培养学生动手解决问题的能力、工程设计能力和社会责任感。

教学过程

（一）导入

1.介绍声音相关基本概念，让学生认识声音

①声音：了解声音是如何产生和传播的。

②消声：消声的本质是将振动的压力波强度降低或阻断压力波，可通过阻断振动传导的介质或以某种方式消除振动来实现。后者一般通过吸声材料来完成。

③介质：声音是物质振动产生的波动，波动的传递需要靠介质传播才能听到。介质主要分为气体，液体和固体。

④吸声材料：任何材料都能吸收声音，但是吸收程度不同。吸声材料大多为疏松多孔的材料，如毯子、矿渣棉等，其吸声原理是声波深入材料的孔隙，孔隙

多为内部互相贯通的开口孔。教师可大致介绍录音室的吸音材料及功能。

2. 创设情境

本项目是为重庆市轻轨设置消声装置，在课堂上，教师首先向学生介绍轻轨的基本结构，让学生了解轻轨列车的车轮和轨道是如何接触的、轨道是如何设计的、轨道下需要哪些支撑材料、噪声产生的原因。然后，让学生思考设计降低噪声的方案，并用图画出来。考虑到学生个体差异可能较大，教师可提前将轻轨列车和铁轨的横截面示意图打印出来，让学生在示意图上进行文字和图画的补充即可。

（二）任务实施及反思

1. 任务一

（1）出示任务和评价量规

用给定的材料（材料定量）设计一个吸声装置，并给该装置设计一个发声器，如小闹钟等。观察声音的屏蔽效果。投票选出最佳的吸声装置制作小组。

教师可从文字及图画设计、分工合作、制作成本、吸声效果、小组展示说明5个方面来设计评价量规。

（2）准备材料

闹钟（或其他能发声的小玩具）、毛毡、报纸、棉球、胶带（教师均剪成若干大小相等的部分）、大小合适的塑料盒或纸盒（大小相同）、分贝计。

（3）小组合作

小组合作讨论，初步设计装置方案。

（4）展示交流

小组展示，大家讨论交流后，教师可以继续提出问题。

①你们设计的吸声装置的吸声效果是由一层材料产生还是由多层材料产生的？

②你们的设计是否考虑了密闭性？密闭性对声音的吸收有什么作用？

③按照成本单（见下表）上所列出的各项材料的价格，如何设计小组装置的价格？

成本单

序号	材料名称	单价	使用数量 / 单位	总价 / 元
1	毛毡	12 元 / 张		
2	报纸	2 元 / 张		
3	棉球	3 元 / 份		
4	胶带	1 元 / 卷		
5	纸盒（塑料盒）	2 元 / 个		

小组完善方案的设计，领取材料，准备制作装置。

（5）任务实施

要求学生根据评价量规思考制作，教师给予适当指导。

（6）总结与反思

全部小组制作完成后，教师组织学生讨论。

①你们小组怎么分工的？

②哪一组的隔音效果最佳？

③怎么解决密闭性问题的？

④为什么同样的材料采用不同的叠放顺序会产生不同的隔音效果？

⑤如果可以考虑其他吸声材料的话，你希望增加什么材料？

⑥为什么这种材料有比较好的效果？

⑦有没有其他的设计？有没有办法做到完全隔音？

2. 任务二

（1）出示任务和评价量规

通过小组讨论，各小组根据各自消声设计和教师下发的轻轨列车和铁轨的横截面示意图，在图上进行标注和设计，要求列出所使用的材料，画出图示并用详细的文字说明装置的大小、形状和安装位置，说明噪声来源。同时，要求在设计图上标记每个组员贡献的想法（包括没有被采纳的）。

教师可从文字及图画设计、观点的多样与统一、合理创新、小组展示说明 4 个方面来设计评价量规。

（2）准备材料

图纸、轻轨列车和铁轨的横截面示意图。

（3）任务实施

要求学生根据评价量规思考制作，教师给予适当指导。

（4）展示交流

小组展示成果，所有成员必须参与并体现明确的分工。小组之间互相评价，师生共同交流。

①轻轨噪声的来源是唯一的吗？

②哪些装置是固定在轻轨上的？哪些装置是固定在铁轨和铁轨附近的？

③是否考虑了通过地面传导的噪声？

④采用了哪种或哪几种吸声材料？这些材料如何固定？

⑤装置是否会产生其他负面影响？

（5）总结与反思

全部小组制作完成后，教师组织学生讨论。

①你们小组在设计意见上是否有分歧？有哪些分歧？你们是如何统一意见的？

②你们是如何进行消声设计的？

③这个装置是否对车厢内的人也有影响？

④能否让你们设计消声装置成本更低？变得更小巧？

⑤消声装置是否会对环境造成影响？

第二部分 教学案例

《轻轨出行路线设计》教学案例

重庆市江北区玉带山小学校　邓小容　谭晓泉

【案例背景】

这是一所公办小学，这是一个活蹦乱跳的班级，这是一堂校本课程"轻轨"下的未来教育公开课，各地名校教师走进课堂，这是一位不到 3 年教龄的老师，这是一群刚刚接触平板电脑的三年级学生。他们知道云平台、资源库，会一些基本的技能，如资料下载、上传。在重庆，轻轨四通八达，学生们对这一交通工具充满兴趣。通过调查访谈储备了一定的轻轨知识，了解了轻轨的历史和重庆轻轨现状（线路、标志、轻轨之最、轻轨文化……），轻轨交通的优劣势以及与地铁的区别。通过教师的引导，他们完成了很多关于轻轨的探索及体验活动，如实地考察轻轨制造厂、轻轨运营公司、轻轨建设现场，了解了许多轻轨中科学的知识。

【案例主题】

轻轨出行是重庆的一大特色，对于如此熟悉的出行方式，学生能否根据不同的需求规划合适的出行路线，解决生活中的实际问题；能否通过不同路线的规划，来培养自己的审辨思维。结合学生的年龄特点和已有的知识结构，我在设计轻轨出行路线教学中引导孩子抓住"外来参会老师为赶乘飞机，并尽可能地欣赏一下沿途风景"这一要求，利用 Talk 初步设计出行路线并提取设计此次路线的关键要素——时间、换乘次数、途经景点，结合这三要素进行路线设计并优化。再以此三要素作为评价标准，在云平台资源库提取资料与优化后的路线进行对比，通过汇报分享在满足时间的前提下，经过的景点越多，换乘的次数越少，路线的得分就越高。由此得知：设计一条路线要从不同的角度出发，尽可能地满足不同的需求，以此来培养孩子的审辨思维。

【案例描述】

活动目标：

①进一步辨识轨道交通路线图。

②根据不同的需求规划合适的出行路线，解决生活中的实际问题。

③通过不同路线的规划，培养孩子的审辨思维。

活动过程如下所述。

一、课前活动：观看视频

1.过渡

重庆是全国著名的城市，重庆轻轨则更是一张靓丽的城市名片。据统计，2019 年国庆假期体验重庆轻轨的人数首次超过 2 000 万。

2.创设情境

全国各地来参加未来学校大会的老师们，明天就要回去。他们将乘坐 11：30 的飞机，7：30 从大坪出发，9：30 必须赶到江北机场 T3 航站楼，他们有 2 h 的乘车时间。他们想请同学们帮着设计一条轻轨出行路线，让他们也去体验一下重庆的轻轨，尽可能地欣赏一下沿途的著名景点。

【设计意图】活动伊始，便将同学们带至重庆轻轨这一主题，开门见山地交代活动任务，激发学生兴趣。

二、规划路线图

（一）出示轻轨路线图，回顾熟知

这就是我们重庆已开通的轻轨路线平面图。

1.其中石榴红是我们的 1 号线、森林绿 2 号线、琉璃蓝 3 号线、浅葱蓝 5 号线、浅粉红 6 号线、紫罗兰 10 号线。

2.灰色大框的站点表示换乘站，即两条路线的交叉点。

过渡：同学们已经十分熟悉重庆已经开通的轻轨路线，那我们来找找他们的出发站和终点站。

3.圈画起点站和终点站。

【设计意图】再次熟悉已经开通的重庆轻轨路线，通过颜色进行区分，知道重庆轨道交通路线图中灰色大框站点表示换乘站点，可以选择任意经过的一条轻轨，为初步设计一条轻轨出行路线做准备。

（二）设计一条路线

①学生自行规划，Talk 上传老师。教师用 Talk 下发刚熟悉的轻轨路线图，学生下载并为老师们规划出行路线。边规划边想规划理由，完成后上传给老师。

②同伴互动：说路线（路线交流模式），说理由。

③提问：他们规划的路线你听明白了？是从哪些方面考虑的？

④小结要素。

小结：原来一条出行路线的选择需要从时间、途径景点、换乘次数、人流量、费用等多个方面考虑。

【设计意图】教师推送重庆轻轨平面路线图给学生，学生下载存放至桌面，利用放大、缩小等功能，辨识不同的路线，找准出发站和终点站，直接在屏幕上动手设计一条从大坪到江北机场 T3 航站楼的路线图，完成后截取关键部分上传给教师。教师不再为准备资料而苦恼，尤其是这样颜色多、线路交错而成的平面图，只需一张图片，不再受纸质材料的影响。每个孩子都可动手操作，解决实际问题。

（三）给定标准，设计一条优化路线

1. 问题过渡

（1）这些要素中哪个是首要考虑的要素？

预设：为了准时登机，第一要素是时间，如果不能准时登机，你设计的这条路线就不成功。

（2）除了时间外，为外地人出行规划的线路还应该考虑哪些因素？

预设：我们还要尽可能地把沿途具有重庆特色的景点推荐给他们，这样他们也能欣赏重庆的美。尽量减少换乘站点，以免坐错车而误时。

设计意图：学生通过讨论、交流、对比，提炼出设计此条出行路线需要考虑的关键因素，对之前设计的出行路线进行优化。

2. 给出标准（课件出示）

（1）过渡：结合以下因素，设定一个评判标准，来看看你们谁设计的路线是最优化的。

①基本要求——时间：乘车时间在 2 h 以内的视为成功路线，记 60 分；乘车时间超过 2 h 的视为路线设计失败，记 0 分。

②加分项——景点：路线路过牛角沱、唐家院子百步梯、江北机场 T2 青花瓷站、千厮门大桥景点各加 10 分；经过洪崖洞、李子坝各加 20 分。

③减分项——换乘次数：每换乘一次减 10 分（其中换乘点有两路口、牛角沱、

红旗河沟、江北机场 T2 航站楼、较场口、小什字、红土地）。

（2）下发纸质任务单（表格形式，详见下表）。

（3）表图对照，学生上台讲解，怎样完成任务单？（请一个孩子上台讲解）

【设计意图】教师仅担当活动的组织者，探究、辨析等活动的形式、方法都由学生决定，学生始终是主动的参与者。

3. 学生参照标准，设计一条优化路线

【设计意图】再次唤起回忆。学生根据需求提取众多要素中影响本次出行的关键要素，自行设计出行线路，解决生活中的实际问题。通过不同路线的规划，培养孩子的审辨思维。

4. 云平台资源库提取所需的资料，完成以下任务单

路线（资料：自己规划的路线）	时间（资料：云平台—路程花费时间）		景点（资料：云平台—途经可见景点）	换乘点（资料：云平台—轻轨换乘点）	合计（分数）
	≥ 2 h	□ 0 分	+10 分 / 个： □ 牛角沱 □ 唐家院子百步梯 □ 江北机场 T2 青花瓷站 □ 千厮门大桥	−10 分 / 个： □ 两路口 □ 牛角沱 □ 红旗河沟 □ 江北机场 T2 航站楼	
	≤ 2 h	□ 60 分	+20 分 / 个： □ 洪崖洞 □ 李子坝	□ 较场口 □ 小什字 □ 红土地	
分数					

①学生收集资料，独立完成任务单，拍照上传 Talk。

（时间、景点、换乘点以资料包的形式存放在云平台资源库，学生可自行下载）

【设计意图】云平台资源库的作用主要体现在教师资料的存放、分享，学生资料的下载和上传。考虑到时间问题，教师事先在云平台资源库建立了路程花费时间、途经景点、换乘站点 3 个文件夹，并放入了资料。孩子们在完成纸质评价表时可根据表上的提示到各自对应的文件里查找资料。活动与现代化技术接触，不仅培养了他们收集、处理信息的技能，更增进了他们的自信心。

②小组合作：对比结果，分述理由，准备汇报（学生代表）。

教师：已经完成的孩子和本组成员对比结果，看看谁的分数最高，请得分最高者分享一下自己的设计理由，准备汇报展示。

【设计意图】学生将自己设计的线路上传至平台。利用 Talk 与小组内同学讨论自己规划路线时主要考虑的因素，以及这样规划的理由，边讨论，边修正。在充分交流碰撞的基础上达成共识，推选出小组最优路线。整个路线规划过程都是学生在讨论、交流、对比、修正中自己完成的，突出学生的活动主体，转变学习方式。

③汇报展示。

预设一：第一组起来汇报后接着问："还有得分比他高的？"（有）

再请一组，直至最高分（一张路线图，一张评价表，分数最高的保存到屏幕）

预设二：第一组起来汇报的孩子已经是最高分，其他设计的路线和理由是一样的。

问：为什么这条路线得分比较高？

小结：原来一条优化路线的设计要从不同的角度去思考，以最大限度地满足需求。

【设计意图】通过这种交流、汇报，唤起学生对路线设计及优化过程的回忆。这既是对成果的汇报，又是对过程方法的梳理。学生在交流汇报中不仅能获得知识，还能展示自己在实践中发现自我、完善自我、领悟合作力量的过程，体会、增进集体主义精神。

④跨空间实景连线。

过渡：在刚刚的巡视和汇报中发现大多数孩子设计的路线都经过了李子坝，吸引着你们的这些重庆著名景点肯定值得推荐给各位外来参会的老师，那我们一起去看看吧！

李子坝站汇报的孩子在最后环节抛出问题：我现在要去欢乐谷，希望尽量减少换乘，请你们帮我设计一条轻轨出行路线。

a.孩子设计"私人出行路线"，上传至云平台资源库学生文件夹。

b.连线当事人，告知已经发送，注意查收。

【设计意图】实景课程依托互联网，通过手机拍摄，就可实现内外景无缝切换，将自然和社会环境实时引入课堂，通过实景交互式体验教学，改变学生认知方式，孩子们能真正地参观重庆著名轻轨景点"穿墙而过的"李子坝站，使学生在新奇的状态下开展活动。

三、总结提升

孩子们，今天我们学习了如何去设计一条优化的轻轨路线，其实生活中所见的交通出行路线和旅行路线都可以借助今天所学的方法去设计和优化。请你回家运用所学的方法和家长一起设计一条属于你们家庭的旅行路线。

【案例反思】

这一堂课的教学也给我留下了深刻的启示。

（一）教学内容要贴近学生真实生活，才能提高学习兴趣

《中小学综合实践活动纲要》指出：综合实践活动必须从学生的真实生活和真实需要出发，将其转化为真实问题，发展学生综合素质。重庆轻轨家喻户晓，选材贴近生活。通过此次教学活动，孩子们进一步辨识重庆轻轨路线图，能够根据不同的需求规划合适的出行路线，解决生活中的实际问题。通过不同路线的规划，培养孩子的审辨思维。实景课程依托互联网，将自然和社会环境实时引入课堂，通过实景交互式体验教学，改变学生认知方式，孩子们能真正地参观重庆著名轻轨景点"穿墙而过的"李子坝站，使学生在新奇的状态下开展活动。

（二）现代教育技术与课堂有机结合，提高了教学效益

本节课采用了未来课堂教育软件，运用了其中的 Talk 和云平台资源库，师生通过登录到达共同的教学平台。此外加入了跨空间同步实景课堂，即通过手机拍摄，就可实现内外景无缝切换，达到真实场景教学教材可视化，学生可直接感知和获取相关知识，从而推动变革教学资源获取方式立体化。云平台资源库主要供教师资料的存放、分享，学生资料的下载和上传。考虑到时间问题，教师事先在云平台资源库建立了路程花费时间、途经景点、换乘站点 3 个文件夹，并放入了资料。孩子们在完成纸质评价表时可根据表上的提示到各自对应的文件里查找资

料。教师推送重庆轻轨平面路线图给学生，学生下载存放至桌面，利用放大、缩小等功能，辨识不同的路线，找准出发站和终点站，直接在屏幕上动手设计一条从大坪到江北机场 T3 航站楼的路线图，完成后截取关键部分上传教师。教师不再为准备资料而苦恼，尤其是这种颜色多、线路交错而成的平面图，只需一张图片，不再受纸质材料的影响。每个孩子都可动手操作，解决实际问题。

（三）运用 Talk 进行深度合作学习

学生根据需求提取众多要素中影响本次出行的关键要素，自行设计出行线路。同时将自己设计的线路上传至平台。利用 Talk 与小组内同学讨论自己规划路线时主要考虑的因素，以及这样规划的理由，边讨论，边修正。在充分交流碰撞的基础上达成共识，推选出小组最优路线。整个路线规划过程都是学生在讨论、交流、对比、修正中自己完成的，突出了学生这一活动主体，转变了学习方式。

（四）存在的不足

①优化后的路线结合传统的纸质评价表评比分数，得出每条路线的总分，孩子们上传给老师的图片是孩子们参与活动的一个体现，但收集上来的资料和以往的纸质一样无法快速统计，如果能把每一条路线设计的人数及时统计出来，按相同线路分组讨论说明理由，再对比分析原因，最后再辩证地引导总结：一条优化的路线是要尽可能地满足到不同的需求，这样就更好了。

②选择重庆轻轨已经开发并投入使用的其中 6 条，若把孩子们分成 6 组，4 人一组拍摄、收集和反馈信息，教师只负责收发资料和传达问题，那样的课堂将极大地锻炼孩子，让孩子通过小组交流分享，提取设计一条出行路线需要考虑的要素。云平台所存放的资料如果是孩子通过百度地图、查询高德地图自主收集的话，更能提高孩子解决生活实际问题的能力。最后环节建立了一个空的学生文件夹，孩子们根据他人的要求设计路线并上传，只要有网络，就可以下载，真正达到资源共用。

动手动脑创造美——"美丽的叶贴画"

重庆市江北区玉带山小学校　周园

学校开展了丰富的第一站课程，而我们三年级的孩子将遍布学校的紫荆树作为研究对象，展开了一系列的研究活动。在观察紫荆树的过程中，孩子们在校园里看到了各种形状、各种颜色、有趣的叶子，在采集落叶进行观察比较的过程中，我不禁想，为什么我们不能把落叶变成新的一堂课程呢？孩子们这么喜欢，我们可以做出漂亮的叶贴画呀！于是，在第一站课程的进行中，我们又找到了一个新生的"枝丫"，一个新的课题，一个他们喜欢的、令他们兴致勃勃的课题——叶贴画。"动手动脑创造美"是一节典型的综合实践课，不仅叶子在校园随处可见，而且与我们的生活息息相关，对于三年级小朋友来说，这样的主题是他们熟悉的，也是感兴趣的，只要我引导得法，就能在孩子学到很多知识的情况下，激发学生对综合实践活动课的兴趣，挖掘想象力，活跃思维，提高他们的动手操作能力。

在前面的阶段中，学生通过观察紫荆树的叶子，收集其他树的叶子，寻找资料等方式对植物的叶子有了一定的了解，初步认识树木与人类有着密切的联系，而植物的叶子也与树木自身有关系。他们也对有不同形状的叶子有了一定的兴趣。在指导学生收集资料时，我也认识了不少的树木名称。接下来，为有效地调动学生的学习兴趣，让学生把他们收集到的树叶都展示出来，再让个别同学选出自己喜欢的叶子说说它的形状。在这一个环节中，再让学生说说叶子与树木的关系，激发学生热爱植物的感情。

在课堂上，用我在网上搜集的许多经典漂亮的叶贴画，以欣赏树叶贴画、感知不同树叶的特点为主，请孩子们结合自己已有的树叶构思一幅画面内容。让学生根据树叶形状展开联想，看看它们和现实生活中的哪些物体的形状相似，或与物体的哪一部分相似，让学生学会思考，培养学生的问题意识。引导学生观察课件中的树叶贴画作品，组织学生观察讨论：你手中的树叶能拼出哪些有趣的图案？通过观察讨论，让学生说出自己的想法，也可以启发其他同学的创作思维。学生自己初步总结出树叶贴画的制作方法和步骤，再进行补充归纳总结，培养学生思考问题、总结规律的能力，加强小组合作意识。小组学习是一种有效的学习形式，它可以让每位同学都从别的同学那里看到解决问题的其他一些角度，培养学生全面考虑问题和善于从别人身上取长补短的好习惯。在制作树叶贴画时可小组合作一幅作品，通过小组成员间的分工合作，一起品味成功的喜悦。学生们在制作过程中不仅学会了手工操作的技能，还培养了学生的创新能力。创新能力不是知识，而是需要不断培养和完善的一种素养。

我还清学生家长参与进来，让这次的课程成为亲子活动的最好契机，学生家长利用周末带孩子去大自然欣赏美景，和孩子一起收集落叶，和孩子一起构思怎么制作，并且一起动手完成作品，共度美好的亲子时光。

最后的环节是学生最高兴的环节。在这一环节中，学生把他们收集到的叶子用自己喜爱的方式来表达出来。他们可以把不同形状的叶子拼在一起，组成一幅含有情景的画，在班上评一评，谁的最有创意。并且我选出做得较好的作品，帮助他们用 KT 板简易装裱，使其变得更加好看，在第一站展示时，将作品拿到跳蚤市场售卖，孩子们的热情空前高涨，在跳蚤市场上，作品受到大家的称赞，这让他们更加骄傲！

回顾这次"动手动脑创造美"的叶贴画课程，我有以下反思：

一、在交流中培养学生的问题意识

为了能够体现综合的学习探究性，在这次课程中我要求学生自己说出关于叶贴画的设计，同时，其他同学也以说说自己的一些建议，从而能够完善学生的构思。在这一过程中，学生的想法可以得到充分体现，并且在交流过程中能营造有问题就大胆提出来的良好氛围，从而使学生的问题意识得到培养。

二、在评价中提高学生的问题意识

第一站展示——跳蚤市场，应该是本课程的一个升华部分。在这一环节中，通过其他年级学生和家长参观、评价，学生的创意得到肯定，同时能够意识到自己的一些问题所在，并从中获得很好的反思。学生的反思能力得到提高了，他们的问题意识也会随之提高。"动手动脑创造美"——美丽的叶贴画，是第一站课程进行过程中新生发的一个长线活动，学生首先是对叶子进行一系列的观察和采集，有了之前的探究做基础，学生对树叶有了更丰富的认识。树枝树叶是我们生活中常见的东西，但经过我们动手动脑，它们都变得和艺术品一样美丽，第一站课程展示了精美的树叶贴画，一幅幅作品让学生们惊叹不已，通过展示作品，学生们的学习积极性和学习创造兴趣以及成功的自信心顿时被激发了出来。

综合性是综合实践活动的基本特性，就是把握并综合学生在生活世界中的已有经验，运用他们已有的知识，进行个人、社会、自然的内在整合。那么，叶子是学生们日常生活中常见的事物，叶子所蕴含的人文资源也很丰富。"动手动脑创造美"——美丽的叶贴画这一课，以活动为主要形式，强调学生的自主参与，并在活动中发现和解决问题，体验和感受活动，发展学生的实践能力和创新能力。学生自己动手制作叶贴画，自主选择设计参与一定的社会实践活动。如宣传叶子资源的开发和利用，帮助学生学会合作、学会发现、学会探究、学会实践、学会关注社会生活，激发和培养了学生参与社会实践活动的兴趣和热情。

通过这次第一站课程的活动，我觉得要善于观察并发现孩子们感兴趣的事物、游戏和偶发事件中所蕴含的教育价值，把握时机，积极引导，及时生成课题。要关注孩子们在活动中的表现和反应，敏感地觉察到他们的需要，形成合作探究式的师生互动。要创设宽松的心理环境和丰富的物质材料，鼓励支持孩子们积极的探索。

学生部分作品展示如下。

续表

教学环节	教师行为	学生行为	设计意图
四、分享交流、计算最大体积	（三）引发矛盾，链接计算 1. 底面积大与船舷高是相互矛盾的。那底面大小与船舷高度之间会不会有一个最优组合，让船的装载量最大？如何找到底面积与船舷高度的最佳组合？ 2. 小组讨论：如何计算船的体积？（建立科学知识与数学知识的联系，将造一艘装载量最大的船的工程问题转化成数学问题：装载量与排水量有关，排水量与物体浸入水中的体积有关。因此，寻找最大装载量实际就是寻找船的最大体积。） 3. 交流分享：体积的计算方法。 4. 出示体积计算统计表和统计图，感受数学建模的价值。 	底面边长/cm	1	2	3	4	5	6	7	8	9
---	---	---	---	---	---	---	---	---	---
体积/cm³	4.5	16	31.5	48	62.5	72	73.5	64	40.5 | 	2. 小组讨论：如何运用数学知识计算最大转载量？ 3. 分享计算体积的方法。	
五、总结、拓展	1. 小结：在生活中，解决实际问题时，工程师也会像我们这样：识别问题、提出解决方案、设计并制作原型、测试、再设计再制作的反复过程，这就是工程设计过程。 2. 如果给你一张 20 cm × 10 cm 的锡箔纸，造一艘装载量最大的船，你会怎样做？ 3. 在人类的造船历史中，也经历了不断尝试、改进、总结、再改进……的过程。在此过程中，利用数学、科学、技术、工程等工具，造船技术得以蓬勃发展，从过去的一叶扁舟变成如今的万吨巨轮。综合运用数学、科学、技术、工程等学科知识解决实际问题，这就是 S-T-E-M，STEM。希望同学们从此乘着 STEM 这艘大船扬帆起航，追逐美好的人生。 4. 根据评价量表，统计并宣布本次挑战闯关成功的学生进入下一关挑战。	1. 认识什么是工程设计过程。 2. 思考：当材料变换时，如何设计一艘装载量最大的船？ 3. 认识什么是 STEM，建立运用 STEM 解决问题的思维。	归纳总结一个完整的工程设计过程，并鼓励学生学以致用，运用 STEM 的思想来解决生活中遇到的问题。 根据评价量表，以小组为单位对学生本堂课的表现进行评价，统计并宣布进入下一关的小组，激发学生持续探究热情。

八、教学评价

采用形成性评价与总结性评价相结合的方式，形成性评价内容见下表：

"造一艘船"课堂评价量表

"造一艘船"解决过程	表现	分值	小组得分情况							
			1	2	3	4	5	6	7	8
识别问题	没有识别挑战	0								
	没有清楚理解或准确识别挑战	1								
	挑战的一部分被识别	2								
	完全准确理解或识别挑战	3								
设计模型并测试	没有设计，不知道正确的测试和记录方法	0								
	设计时考虑船的大小、形状、厚度、螺母的摆放位置等因素中的1个，知道正确的测试或记录方法	1								
	设计时考虑船的大小、形状、厚度、螺母的摆放位置等因素中的2个，知道正确的测试和记录方法	2								
	设计时能全面考虑船的大小、形状、厚度、螺母的摆放位置等因素，知道正确的测试和记录方法	3								
改进	不知道如何改进	0								
	能提出影响载重量的其中1个因素并对船进行改进	1								
	能提出影响载重量的多个因素并对船进行改造	2								
	能提出影响载重量的多个因素并对船进行改造，取得较好的效果	3								
数据整理与分析	不会整理分析数据	0								
	能对本组的数据进行整理分析，得出自己的观点	1								
	能对本组和其他组的数据进行对比分析，得出自己的观点	2								
交流汇报	汇报只满足了下列标准中的1条： ①简单说明了制作过程。 ②阐明了造船过程的设计思路。 ③阐明了改进的原因及效果。 ④总结出如何才能造一艘载重量最大的船的方法。 ⑤能质疑他人的观点或提出建议	0								

续表

"造一艘船"解决过程	表　现	分值	小组得分情况							
			1	2	3	4	5	6	7	8
交流汇报	汇报只满足了下列标准中的2条： ①简单说明了制作过程。 ②阐明了造船过程的设计思路。 ③阐明了改进的原因及效果。 ④总结出如何才能造一艘载重量最大的船的方法。 ⑤能质疑他人的观点或提出建议	1								
	汇报只满足了下列标准中的3条： ①简单说明了制作过程。 ②阐明了造船过程的设计思路。 ③阐明了改进的原因及效果。 ④总结出如何才能造一艘载重量最大的船的方法。 ⑤能质疑他人的观点或提出建议	2								
	汇报只满足了下列标准中的4条及以上： ①简单说明了制作过程。 ②阐明了造船过程的设计思路。 ③阐明了改进的原因及效果。 ④总结出如何才能造一艘载重量最大的船的方法。 ⑤能质疑他人的观点或提出建议	3								

九、板书设计

| 粘贴学生思维导图任务单 | 造一艘船 |

底面积　　船舷高度

大？ 高？
载重量排水量→浸入水中的体积
载重量大小→体积大小（计算）

十、教学资源

STEM 项目招募书（视频）、与船相关的资料单、思维导图任务单、体积计算表等。

十一、教学反思

"未来船舶工程师"是我校开展的 STEM 项目，项目成果需要学生自己设计并造出一艘能在水中航行的船。因项目的完成需要学生在五年级下册的科学学科和数学学科中有一定的知识储备量，所以本项目的实施定位为六年级的学生。在生活中，造一艘船是一个系统而庞大的工程，需要综合考虑到载重量、排水量、动力结构、外观、用途、成本等诸多因素。本课的教学是为设计一艘船做准备。通过课前的调研发现，学生对物体的沉与浮有了一定的了解，明白了船为什么能浮在水面上，知道船的载重量大小与船的排水量有关，排水量与船浸入水中的体积有关。在数学学科中，学生对物体的体积有了一定的认识，并掌握了物体体积的算法，即体积 ＝ 底面积 × 高。但是，让学生在解决问题的过程中建立起数学学科与科学学科的知识链接难度较大，为了让学生很好地建立载重量跟体积之间的关系，本项目采用了先实践制作、测试、改进、再测试、再改进的教学过程，让学生在实践探索中去发现船的载重量与船的底面积大小和船舷高度之间的联系。记录实验数据时，采用了思维导图任务单，不仅很好地呈现出学生思维改变的过程，而且通过至少 3 次的实践对比，学生对如何建造一艘装载量最大的船有了自己的理解。有的人说："底面积大、平的船载重量最大。"有的人说："船舷很高的船载重量大。"有的人质疑："锡箔纸不做任何形状改变，直接放到水面时底面积最大，可为什么这个时候载重量却不是最大的？"在质疑和争论中，有人提出新的观点："要合适的底面积大小和合适的船舷高度。"教师适时追问："怎样的底面积大小叫合适？怎样的船舷高度叫合适？"继而引发学生深度思考。有学生提出："底面边长和船舷高度相等时就是最合适的值。"此时，很多学生陷入了迷茫，感觉不同意别人的观点，却不知道如何反驳，就连提出此观点的学生自己也说不清楚依据是什么。这时，教师再度追问："我们有没有办法找到这个合适的值？"有人立马回答："多次尝试。"有人立马反对："那样太浪费材料了。"教师补充道："能想到尝试的同学，是绝对的实干家，但是今天我给的材料的是锡箔纸，它很容易就折成船，如果材料换成铁，你还能这么轻松地折吗？"经过点拨，有学生想到了用计算的方法来解决。此时进行小组讨论，很快便有人想到了用数学的枚举法来计算体积，不仅想到了枚举底面边长为整数时船的体积，还有的学生想到了底面边长也可以为小数……

经过这样的讨论与汇报，学生自然地建立起了科学与数学学科的联系，用数学方法来解决造船的工程设计问题，教学环环相扣，带动学生深度参与，启发学生的思维发展和提升，建立工程设计思维。

在人类的造船历史中，经历了不断尝试、改进、总结、再改进……的过程。在此过程中，利用数学、科学、技术、工程等工具，造船技术得以蓬勃发展，从原来的一叶扁舟变成如今的万吨巨轮。在最后的总结中，提炼 STEM 教育，期待学生能用 STEM 思维，综合运用多学科知识解决生活中遇到的问题。

《近视宝》教学案例

重庆市江北区玉带山小学校　向远超

【案例背景】

中华人民共和国国家卫生健康委员会发布的《中国眼健康白皮书》显示，我国儿童青少年近视总体发生率高达53.6%，这意味着每2个孩子至少有1个是近视。近视不但影响学习和运动，还影响升学和就业。高度近视还会增加致盲风险，已成为危害我国儿童青少年身心健康的重要公共卫生问题。因此，青少年的近视问题必须要得到有效的控制和预防。

一、教学活动概要
本课主要是利用掌控板（硬件）和mPython（编程软件）设计一个学生预防近视的穿戴设备。课前学生通过观看一段关于全国青少年近视调查的视频，了解青少年近视的主要原因。针对近视的成因，学生讨论改善近视的方法。老师回顾掌控板知识，学生根据掌控板的功能，结合讨论的预防近视的方法，设计一款预防近视的穿戴设备。最后学生利用mPython软件编程实现掌控板提醒学生科学用眼的功能
二、教学内容分析
教学内容主要是根据近视的成因：光线过暗读写；近距离读写；躺卧看书这3条来教学。针对上述3个成因，首先引导学生找出掌控板上适用于检测对应成因的传感器。然后分析光线传感器、超声波传感器、三轴加速传感器的数值，找到适合于读写的数值范围并记录。最后通过编写程序实现光线过暗、亮；读写距离过近；躺卧看书时提醒功能
三、教学目标
1. 知识与技能 学习了解掌控板的各种传感器，mPython编程简单应用，结合软硬件实现功能。 2. 过程与方法 ①通过视频展示、亲自实践、创意设计等环节，提高对掌控板及其应用的认识。 ②通过对掌控板各种传感器的实践，了解其工作原理，并设计相关防近视设备的实际应用。 3. 情感、态度与价值观 ①在体验与实践相结合的过程中感受掌控板的应用，产生并保持学习的兴趣。 ②通过分组讨论、小组合作等方式开展多种形式的团队合作，培养学生的动手能力、解决实际问题的能力，提高团队协作能力。 ③通过对创意设计的交流与展示，培养学生的创新能力与语言表达能力。 ④通过对近视的成因和矫正的探究，培养学生健康用眼的行为习惯，强化学生科学用眼的意识

四、学科核心素养（300字以内）
①信息意识：了解信息技术对社会发展、科技进步以及个人生活与学习的影响。 ②计算思维：知道掌控板各种传感器的功能及原理，设计防近视设备。 ③数字化学习与创新：运用编程软件和掌控板实现防近视提醒功能。 ④信息社会责任：培养学生健康用眼的行为习惯，强化学生科学用眼的意识，宣传科学用眼知识
五、学习者特征分析
小学五年级的学生学习兴趣广泛，求知欲和好奇心增强，开始能够独立思考；学习能力也有一定的加强，自己有能力进行课前预习和课后复习。课上对于简单的内容教师可以鼓励学生自主探究，发挥学生间的引领作用，激发学生的创作欲。学生对图形化编程软件掌控板和mPython使用已经有一定的基础，且动手操作能力比较强，但对于硬件和软件相结合使用完成一个项目还是第一次，因此需要合理分配任务，让全体同学参与其中
六、教学策略选择与设计
自主学习、合作探究、任务驱动、体验式教学
七、教学环境及资源准备
①硬件准备：多媒体网络机房、掌控板。 ②软件准备：mPython程序、演示文稿
八、教学过程

教学过程	教师活动	学生活动	设计意图及资源准备
（一）情境 导入 （5 min）	师：同学们，上课之前我们先来看一段关于青少年近视的调查数据的视频。 师：造成近视率这么高的原因是什么呢？ 师：我们能不能利用掌控板的功能来设计制作一个防近视设备，当我们用眼不正确时，它能提醒我们呢？今天我们就来设计这样一个设备，我给它起了一个名字——"近视宝"（出示课题：近视宝）	生：观看视频。 生：回答近视形成的普遍原因。	利用学生生活中的近视问题导入，激发学生学习兴趣。 利用疑问，引出课题，引发学生思考

续表

教学过程	教师活动	学生活动	设计意图及资源准备
（二）探究学习、任务驱动（17 min）	师：请同学们根据近视的成因小组讨论，可能用到掌控板的哪些传感器？怎样来运用呢？ 师：请同学来汇报。 师：根据同学们的回答，小结。 师：我们怎样通过编写程序来获取传感器的数值呢？请同学们观看微课，然后完成光线传感器代码的编写（教师巡视辅导）。 师：通过学习，同学们基本都能通过光线传感器获取环境光线值。获取这个值有什么作用呢？ 师：你们能根据测量的光线值范围，当光线值超出范围后发出声音提醒吗？ 师：展示学生完成光线提醒程序。 师：同学们基本都完成了近视宝的第一个功能。在光线过暗或过强时能发出声音提醒了	生：学生分组讨论。 生：回答可能用到的传感器和运用方法。 生：观看微课自学获取光线传感器的数值，完成代码编写。 生：可以通过改变环境光线，获得读写时合适的光线值范围。当超出范围后，就发出警报声，提醒我们正确用眼。 生：尝试操作，完成代码编写。 生：修改完善	引导学生回忆旧知识，在思考、讨论中回顾掌控板功能，为下一步拓展打下基础。 通过微课学习，让学生学会光线传感器代码编写，为其他传感器编写起到举一反三的作用 通过展示，让学生获得自信，其他学生可以学习完善
（三）自主学习，探索新知（10 min）	师：接下来，请大家增加传感器的数量，让近视宝的功能更加完善（发现问题，解决问题）	生：编写其他传感器控制代码，完成近视宝的其他功能	加强巩固练习，培养学生的创新能力，满足学生自我实现的需要

教学过程	教师活动	学生活动	设计意图及资源准备
（四）展示交流，巩固提高（5 min）	师：教师集体讲解或优生示范演示，解决普遍问题	生：小组内交流学习心得	教师为学生搭建展示交流的平台，让学生互学、互助、互评，从而解决问题，巩固知识，提高技能
（五）全课总结，课后延伸（3 min）	师：①3种传感器在近视宝中实现的功能。②课后继续完善近视宝功能	生：回答	归纳本课知识点，强调重难点，将课堂知识延伸到课后

（六）教学流程图

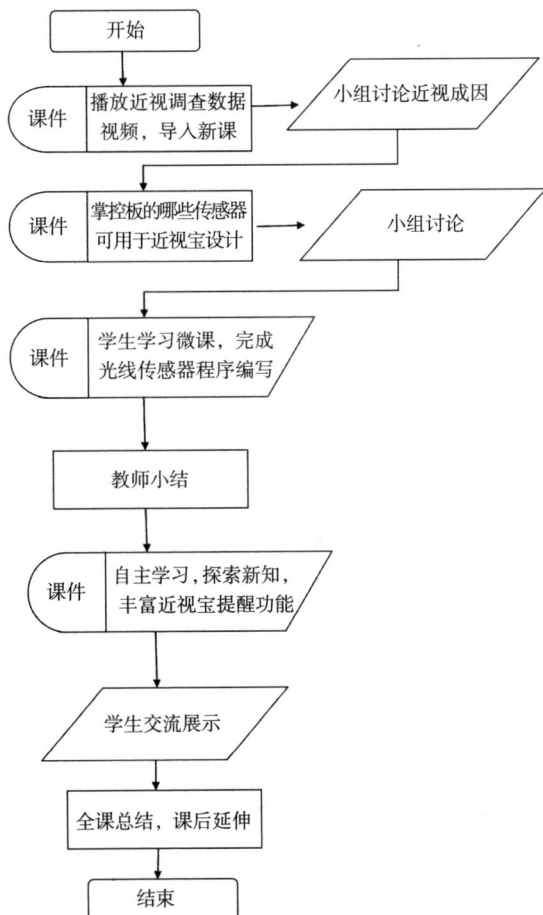

续表

九、教学评价设计
主要从 4 个方面对学生进行评价：   ①学生搜集和处理信息的能力。   ②学生创新能力。   ③学生分析解决问题的能力。   ④学生交流合作表达的能力
十、帮助和总结
在项目教学中从生活情境入手，调动学生的积极性，在完成项目任务的过程中促使学生掌握专业知识，获得实践经验，学会协作，综合应用学科知识，培养学生的创新思维与创造能力。但在实施过程中，学生的基础参差不齐，导致少数学生不能按最初的设计功能全部实现。本课学生完成的编写程序较多，时间不够充裕，还需一节课进行修改调试

《盆栽保湿装置的设计与制作》教学案例

教学设计及执教：重庆市江北区玉带山小学校　邹　红
参与人员：重庆市江北区玉带山小学校　周　园　陈雪萍

课题	盆栽保湿装置的设计与制作		
教学目标	①通过设计盆栽保湿装置，学会利用已有的科学知识去分析和解决生活中的问题。 ②通过制作盆栽保湿装置，学会使用热熔胶枪等工具，了解工具对生活的重要性。 ③通过设计与制作盆栽保湿装置，让学生培养爱动脑筋、肯于钻研的能力，树立科技服务生活的科学态度，树立爱护植物、保护生命的精神		
教学重难点	重点：学会设计和制作保湿装置，学习工具的使用 难点：设计和制作保湿装置		
教学准备	热熔胶枪、热熔胶棒、剪刀、矿泉水瓶、盆栽、吸管、一次性针管、酒精灯		
教学环节	教学内容与教师活动	学生活动	设计意图
一、情境与任务	1.话题导入（预设 2 min）：同学们，你们有养盆栽吗？那我想问问大家，你们家有这样的烦恼吗？有时外出时间太长，盆栽没有人浇水，回来后就会枯萎。老师也有这样的烦恼（展示盆栽枯萎的图片）。 2.提问：我们如何来解决这个烦恼呢？你们有什么好的想法吗？ 3.提出任务：今天我们就一起来设计和制作一个盆栽的保湿装置吧！	学生发表想法	以生活情境入手，引出本节课程内容，激发学生学习兴趣。
二、设计与制作装置	1.出示工具、材料（预设 2 min）： 热熔胶枪、热熔胶棒、剪刀、矿泉水瓶、盆栽、吸管、一次性针管、酒精灯。 教师提问：同学们，你们认识这些工具吗？知道它们是用来干什么的吗？ 教师演示并讲解：热熔胶枪是用来黏合物体的，它使用的是多种材料合成的塑料胶棒。 继续发问：那么如何去使用它呢？ ①先将胶棒从胶枪后面插入，并插到底，然后打开电源开关，电源指示灯亮起，同时胶枪开始加热，2 min 后预热完成，扣动扳机稍微打出一点胶试试，能轻松挤出即可。 ②在需要黏合的物品断裂处打上热熔胶。	学生思考并回答 学生认真倾听	通过让学生自主设计装置，提高学生的思维能力及分析问题和解决问题的能力；让学生制作装置，提高学生的动手操作能力，在操作中学会使用工具

续表

教学环节	教学内容与教师活动	学生活动	设计意图
二、设计与制作装置	将断片对准断裂处，用力压合，然后放置一会儿就可以使用了。 ③需要注意的是，热熔胶枪使用时间不要过长，以免烧坏。不用时要切断电源，以免发生意外。另外，在加热时不要触碰枪体和胶水，以免烫伤。 2.画设计图（预设 5 min） 教师：知道工具如何使用后，接下来你能不能试着用这些工具和材料来设计一个盆栽的保湿装置呢？试着画一画吧。 　　　　　　我的设计图 3.设计交流与评价（8 min） 教师提问：我们请两位同学来说说你是怎样设计的呢？ 我们来看看究竟怎么样来设计这个装置吧！（出示设计图和步骤） ①在空瓶底部两个位置分别戳一个小孔，两孔之间的距离约为 2 cm（能插入吸管的大小） 提问：如何利用现有的材料和工具对塑料瓶进行打孔操作呢？ 讲解：通过用酒精灯加热一次性针管的针头的方法对塑料瓶进行打孔，但这个过程一定要注意安全使用酒精灯，并且防止被针头烫伤。 ②将两根吸管分别插到两个孔里，然后用热熔胶将吸管固定，底部的吸管要比上面的吸管多插进 1 cm 左右。 ③首先将吸管向下弯，再将两根吸管剪短一点，但注意上面一根要比下面一根留长一点，两根相差 1~2 cm。 ④在瓶中装满水，将吸管放入花盆的底盘。制作完成后注意观察，会有什么现象发生呢？	学生自主画设计图 学生交流并评价 学生思考并回答	

续表

教学环节	教学内容与教师活动	学生活动	设计意图
二、设计与制作装置	4.分小组制作装置（预设8 min） 师：接下来大家就分小组开始制作自己的盆栽保湿装置吧！在这个过程中请将遇到的问题和困难，以及解决办法填写在记录单上（该过程教师全程巡视并指导学生进行操作，注意提醒学生安全使用工具）。 我的问题记录单 <table><tr><td>我遇到的问题</td><td>我的解决办法</td><td>我观察到</td></tr><tr><td></td><td></td><td></td></tr></table>	学生分小组进行制作	
	5.交流与评价（预设5 min） 师：哪个小组来给我们展示一下你们的制作成果？在这个过程中你们遇到了什么问题？怎么去解决的？还有什么问题没有解决？	学生展示并汇报	
三、揭示原理	教师讲解：这个装置的实验原理很简单，大家可以看到红色的这根吸管一直在流水，蓝色的吸管一直在进气，并且在冒小泡泡，当托盘中的水面将两根吸管都淹没时，蓝色吸管就会停止吸气了，红色吸管也停止了出水。这其实是利用了大气压原理。 有了这个装置，平时我们出远门时就可以用它来给花草自动浇水了，当水分被吸收后，吸管就会自动补水，一桶水可用两个月的时间	学生认真观察	通过直观的观察，学生了解装置的原理
四、拓展与延伸	教师讲授：除了这个装置外，其实还有另一种简单装置，同学们请看（出示双层花盆及图片），这是"双层花盆"，也称"懒人花盆" 	学生倾听并思考	通过另一种保湿装置的展示，激发学生动手制作的兴趣，让学生用不同的方式解决问题

续表

教学环节	教学内容与教师活动	学生活动	设计意图
四、拓展与延伸	懒人花盆为双层结构，上层是种植盆，下层是储水盆，水经过类似于吸水棉这样的软性吸水纤维输送到上层。只需将水倒进花盆里，花盆内自带的一条棉绳通过毛细现象就能够给土壤提供足够的水分，即使外出也能保持植物所需水分。大家试着课后去做做这个保湿装置，帮助家里解决这个烦恼吧！		

（本节课荣获重庆市中小学劳动教育微课评选一等奖）

第三部分　教师论文

STEM 与综合实践融合　促进学生核心素养发展

——玉带山小学"第一站"综合实践课程 4.0 版建设及思考

重庆市江北区玉带山小学校　谭晓泉

【摘要】伴随着《中国学生发展核心素养》的发布，综合实践活动的课程性质、改革初衷和发展愿景非常符合核心素养改革语境下的教育观和课程的价值取向。在核心素养的改革语境下，学校课程尤其是小学阶段课程的综合化、实践性和活动形态会得到进一步加强。那么怎样深化综合实践活动课程改革，让核心素养的培育真正落地生根？我校基于 A-STEM 教育，自主研发的"第一站"综合实践活动课程，为综合实践活动提供了一种新角度，让 A-STEM 教育与综合实践有机融合碰撞出了别样火花，为促进学生核心素养的发展做了一些有益的实践与探索。

【关键词】A-STEM；综合实践；核心素养；课程建设

一、综合实践与核心素养的契合点

在核心素养的语境下，重新审视综合实践活动课程的本质。结合综合实践活动课程的基本活动类型与经验、所侧重与倡导的思维品质与学习方式等，认为综合实践活动课程的内核是研究性学习、服务学习等学习方式，也就是说将事实与价值融合起来，将探究、理解生活世界与服务、保护、热爱生活世界化为一体。综合实践活动课程真正的学习内容是学生基于自己的生活经验、兴趣而生发的探究问题或主题。作为对传统学科课程补充与超越的综合实践活动课程，其着意培养和聚焦的学生素养必然是跨学科的、综合的、统整的。因此，无论在价值取向、内容范围还是功能定位等方面，综合实践活动课程的核心素养都暗合了欧盟核心素养和美国 21 世纪技能的关键要素，都彰显了我国教育部新近发布的《中国学生发展核心素养》，是"认知性素养"与"非认知性素养"的融合，是学会学习与问题解决等自主发展维度，关注社会现实和探索生活问题与人际交往合作等社会参与维度，以及综合运用学科知识进行生活探究，运用媒介技术进行探索与表达等文化修养维度在一个人身上的综合体现。参照以欧盟核心素养框架、美国 21 世纪技能框架等为代表的全球性核心素养行动之共同要素以及我国学生发展核心素养体系，综合实践活动课程首创时意欲借此凸显学生实践能力、创新精神和社会责任感的初衷，我们进一步明确了综合实践活动课程最内核的追求与目标，即综合学习能力、实践创新能力、交往协作能力、社会服务能力、数字素养等学生核心素养。

二、STEAM 教育与综合实践的契合点

STEAM 教育理念的内涵在于重视科学、技术、工程、艺术和数学的整合，提高学生探究和解决实际问题的能力，是当前国际教育热点之一。综合实践活动突出学生主体地位，引导学生主动发展，面向学生完整的生活领域，为学生提供开放发展的空间，特别注重学生的亲身体验和积极实践、发展创新精神和实践能力。不难看出二者理念相融，即重体验、重过程，主张在尝试中经历，在做中学，在学中做，在实践中提高，强调学习情境的生活性和真实性，促进学科之间的融合和联系，注重激发学生的兴趣，提高学生对社会问题的关注及创新思维和实践能力。面对真实问题，在解决问题中学习，实现关怀与创造精神同构，是 STEAM 教育和综合实践课程的共同核心价值。

三、基于 A-STEM 的综合实践活动校本课程的开发

（一）从儿童生活出发，回归教育的原点

教育即生活，是我们国家一以贯之的教育哲学。但传统的课程内容按照成人社会去规划儿童，"依据学术逻辑安排学习材料""采用知识灌输取代学生发展"严重窄化了课程内容。课堂教学也远离了儿童的现实生活。因此，新课程要求教学回归学生的现实世界，坚持面向儿童的生活世界和社会实践，这意味着把儿童看作"儿童"而非"成人的预备"，这是教育活动的基点。同时，在着眼于儿童生活世界的前提下辅以儿童的社会实践，帮助儿童学会理解生活、社会和自然并不断发展各种能力和素养，自然就搭建了儿童从当下走向未来的桥梁。基于此，课程内容的选择和开发，应与学生经验相结合，与学生需要相结合。只有这样学生才会有兴趣将生活情境转化为探究主题，通过研究性学习和实践性学习等活动，培养学生的实践能力、创造能力、合作能力、交往能力、社会责任感等核心素养。

走向世界第一站

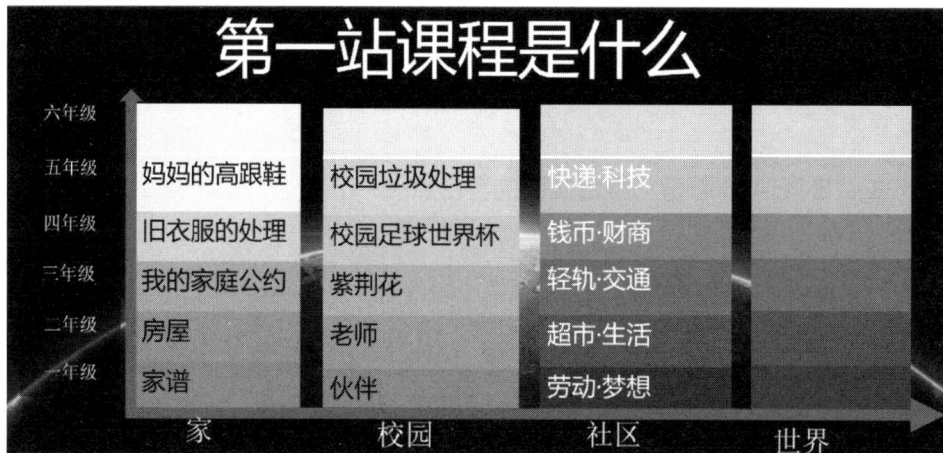

如上图所示，五个年级的主题都是孩子们非常感兴趣的生活化的内容。

（二）强调多学科融合，走课程整合之路

在 21 世纪初，我国突出了基础教育课程改革，其中明确提出改变课程结构过于强调学科本位、科目过多和缺乏整合的现状。2015 年 9 月，教育部发布《关于"十三五"期间全面深入推进教育信息化工作的指导意见（征求意见稿）》，其中明确提出有条件的地方要积极探索新技术手段在教学过程中的日常运用，探索 STEAM 教育、创客教育等新模式，使学生具有较强的信息意识和创新意识。目前小学除了综合实践课程外，基本都是分科模式，要让学生具有面向未来生活的核心素养，就必须跨越学科的界限，走课程整合之路。在整合过程中我们清楚地认识到：综合实践课程和学科课程既相互独立又相互依存，核心素养的达成离不开学科素养，核心素养的提高反过来也会促进学科素养的提升，因此他们是互动交融、互惠共赢的。鉴于此，我们都会尽可能地把本年龄段所有学科的知识点和能力点有机融入课程设计中。在目标上按照《综合实践活动指导纲要》的育人目标要求，让核心素养和关键能力落地，具体见下表。

课程内容	过去与现在（快递物流变迁）	功能与价值（快递中的现代科技）	道德与法制（快递背后的消费观）	道德与法制（快递中的信息安全）	体验与创造（快递的优化设计）
设计思路	1.起源发展变化（驿站） 2.八百里加急究竟有多急？ 3.千里马究竟有多快？ 4.丝绸之路 5.渝新欧铁路	1.数字编码 2.二维码 3.无人仓（智能化机器人）	1.购物方式的改变 2.理性消费观	1.我是小小调查员（调查个人信息安全的保护意识） 2.个人信息泄露带来的安全隐患 3.个人信息安全保障措施	1.外包装设计与制作（外观、节能环保、安全性） 2.快递路线最优化（统筹规划） 3.智能化快递（机器人、无人机）
整合学科	语文、数学、历史	数学、科学、工程、信息技术	信息技术、哲学	信息技术	数学、科学、信息技术

（三）转变学习方式，发展核心素养

A-STEM 教育和综合实践活动课程融合能够有效促进学生学习方式的变革，让学生在现实背景下深度学习、项目式学习、探究性学习、主动学习更加明显，更好地培育和发展学生核心素养，尤其是跨学科界限的学习能够提高学生解决实际问题的能力。

以三年级"轻轨·交通"课程中设计"重庆不得不来"为例，孩子们要去收集轻轨的路线和附近的网红景点，设计自己最喜欢的轻轨旅游路线，并撰写旅行游记。在这个过程中孩子们要学会收集和处理信息，规划出行线路，合理选择、优化线路，进而培养学生独立思考的素养，收集、整理、加工和运用轻轨相关信息的能力，以及沟通能力、语言表达能力、文字写作能力。

（四）培养创新能力，聚焦重中之重

自《中国学生发展核心素养》总体框架正式发布以来，人们评说不一。有一种观点认为此框架内容比较宽泛，更像"综合素养"或者"全面素养"。从理想的层面上看，聚焦成一个最好，因为"核心"的本意应该就是一个。实际上，纵览国内外已有的各国核心素养清单，核心素养在数量上都不止一个。如果真的需要，聚焦重中之重的"核心素养的核心"是什么呢？我们认为那就是"创新素养"。

原因有三：其一，培养创新能力是提升国家竞争力的需要，是国家发展新理念的要求；其二，培养创新能力是我国教育深度改革、转型发展的现实需要，教育的深度改革和内涵发展，焦点是创新能力培养；其三，创新能力是一种综合性、涵盖性很强的核心素养，可以把批判性思维、问题解决能力等核心素养包容在内，甚至可以把合作与交流能力、信息素养统摄起来。

以"钱币·财商"课程中的十元钱的购买力的变化为例，通过孩子们自己的调查、分析货币购买力的变化，然后利用数学、信息技术分析处理信息来感受曾经风光无限的 10 元大钞随着社会经济的发展也变成了可有可无的零头。按照这个速度，100 元可能会用多长时间变成今天的 10 元？进而提出一个实际问题，你有哪些方式让自己的钱不贬值？如果给你 10 元钱你能为周围的人做点什么？（十元钱千分爱。）这样孩子们在现实的背景下深度学习：去调查、去收集、去分析、去计算、去设计，从而实现了学习方式的变革，参与学习的主动性也明显加强，同时在设计保值和"十元钱千分爱"活动时把学生的解决问题能力和创造力统整起来。

A-STEM 教育与综合实践的融合顺应了社会发展的要求，提供了多种学习的可能，为学生核心素养的发展提供了一种新的可能，我们会继续努力践行，让梦想照进现实。

参考文献：

［1］李树培.综合实践活动课程核心素养与评价探析［J］.全球教育展望，2016（7）：10.

［2］赵书超，郑爽.小学综合实践活动设计与实施［M］.北京：清华大学出版社，2013.

［3］谢琼.STEAM 教育与综合实践课程融合浅谈［J］.成才，2016（6）：3.

家庭维修是最好的 STEM 教育机会

重庆市江北区教师进修学院青少年科技中心　谢迎曦

目前，许多学校正在探索 STEM 课程，而我认为，学生在各自家庭中进行的维修活动才是最好的 STEM 教育机会。

所谓 STEM，其实是美国提出来的一个词汇，是科学（Science）、技术（Technology）、工程（Engineering）、数学（Mathematics）四门学科英文首字母的缩写，本质上是以培养工程素养为核心的项目式学习。

国内已经开展了数十年的青少年科技创新大赛中的科技创新成果和科技实践活动，都是我国本土的科学技术工程数学人才培养活动，与 STEM 在本质上是相同的。

STEM 课程重点是加强对学生科学素养、技术素养、工程素养、数学素养四个方面的教育。而这些东西，在家庭维修活动中体现得淋漓尽致。

一、家庭维修是培养孩子发现和解决问题的好机会

之所以要进行家庭维修，一定是发现了问题。而这些与我们的生活息息相关的问题，有效地降低了发现问题的难度，可以让孩子由易到难地养成发现问题的习惯，这同时也是劳动习惯的培养。

发现问题后就需要解决问题。有很多家庭是一扔了之，一换了之。我曾经拿着维修工具乘坐电梯，电梯里的一个邻居感到非常惊奇：这些东西坏了居然自己修？我家的坏了都是扔掉，或者直接换一个呢！

我的孩子读初三时曾经帮同学修好了一张饭卡，同学、老师以及我的朋友们听说了这件事几乎都瞠目结舌：饭卡坏了不是应该重新办一张吗，居然还能修？

这些发生在自己身边的例子，都说明了我们身边的不少人，也许就包括我们自己，解决问题的意识和能力是比较差的。

就算现在大家的经济条件比较好，坏了就换可能没有经济上的压力。但这样就浪费掉了这些能够很好地培养孩子解决问题能力的机会。家里的东西坏了，最好是家长带着孩子一起来处理，这样能够培养孩子发现问题和解决问题的能力（也许还包括家长自己）。

二、家庭维修是孩子学习简单劳动技能、培养劳动能力和劳动习惯的好机会

要完成家庭中的各种维修，就必须具备一定的知识和技能。这些知识和技能都可以在维修的过程中边学习边实践。

最近淘宝网上粘胶类挂钩的广告和销售都比较火。要说胶粘的挂钩，的确是简单方便，但可靠性也不高，使用它们后常常会听到从卫生间和厨房传来的"哐当"的声音。为啥大家不在墙上钻个孔，用螺丝将挂钩固定上去呢？是因为绝大多数人不具备在墙上钻孔的能力。

要更换一个灯泡，需要有一定的用电安全知识；要更换一个电灯开关，还需要了解全家的用电总闸在哪里，并且逐步建立电路的概念；要更换一个水龙头，就需要知道水的总阀门在哪里，认识相应的工具和材料、水龙头的规格和价格。这些其实很简单，通过身边的人、网络都能够了解和学习到，其中最关键的是劳动意识的问题，首先要想做、愿意做，其次是要敢做，最后才是会学习和会做。只要愿做、敢做、会学习，那么家庭中常见的维修多数都不是问题。

家庭中进行维修的过程，既是一种自我服务，也是一个学习探究、实践研究的过程，同时将科学原理、技术方法、数学计算融入了维修工程之中，具有典型的现实价值。所以我认为，排除 STEM 课堂情境，家庭维修就是最好的 STEM 教育。

三、家庭维修是带领孩子研究学习的好机会

对于维修自己家中的各种各样的故障，其中很多对我们来说都是没有经验和技术的。这就导致维修并不是简单的技术工作，特别针对孩子来说，更是开展一个个研究性学习的好机会。

例如，家里的水龙头始终要滴水，你觉得无法忍受了，决定要维修。要维修水龙头，除了更换一个新的水龙头以外，还可以维修水龙头具体损坏的部件。

为此，家长可以带领孩子对损坏的水龙头进行仔细观察，观察故障现象，拆解水龙头，了解水龙头的结构和工作原理，分析故障原因，尝试提出解决问题的假设方案，上网搜索类似故障别人已有的经验和教训，完善自己的解决方案，网上查询相应的配件价格，线下门店咨询配件价格，查找相应的维修教程，查询维修需要的工具，采购相应的配件、材料和工具，动手进行维修，进行维修反思和

总结，填写维修日志。

看看，简单的一个水龙头的维修，用 STEM 的思想作为指导，孩子在其中能够学习到多少知识和技能，培养多少能力？这么好的学习机会，放弃了不心痛吗？

四、家庭维修是一家人亲密合作的好机会

正如很多人调侃的那样，"不写作业母慈子孝，一写作业鸡飞狗跳"。很多家庭，由于督促学习，造成亲子关系紧张。

在家庭维修的过程中，一家人一起学习，共同研究，充分激发家庭成员的主人翁责任感，为了把家建设得更美好的共同目标而一起做事，一起努力，让一家人更亲密，更和谐。

就我本人的经验，我最喜欢和我的父亲一起劳动了。我和父亲，一个是教师，一个是医生，我们却一起动手做过餐桌椅、书柜等家具，甚至先后完成了家里两套房子的装修工程。简直就是"打虎亲兄弟，上阵父子兵"，过程中的辛劳完全被幸福感掩盖下去。

五、维修之外，还可以充分挖掘家务劳动的 STEM 培养价值

其实不只是维修，家务劳动中也有很多可挖掘的 STEM 培养价值。举个大家也许司空见惯的例子：晾衣服。

冬天的加绒内衣，晾晒时可以绒朝里，也可以反过来绒朝外，可是怎么晾会干得更快呢？

家长完全可以带领孩子做做实验：把两件一样的加绒内衣称称质量（尽可能一样重），做好记录，然后洗干净脱水后再称质量（仍然尽可能一样重），挂在相同的位置晾半小时、一小时、两小时、五小时……，再分别称取质量，不是就能比较出来基本一致的两件衣服，不同的晾法哪种晾法干得更快一些了吗？然后再带着孩子写写日记，甚至可以写成一篇科学小论文，想想，利用一个晾衣服，孩子能够体会到这就是一个问题，自己可以对这个问题进行研究，并且学习着设计科学实验，从而学会研究的方法，还要进行总结反思，撰写论文，这对孩子的培养促进作用多大呀！

六、用 STEM 促进孩子综合素质发展更多是理念问题

综上所述，利用家庭维修甚至家务劳动都可以很好地对孩子进行 STEM 教育。但也许有人会说：我们做了一辈子家务，我们也没变成科技人才！

同样是做事，不同的做法可能会有完全不同的效果。有的人把简单的事情重复做，做了一辈子，还只是简单的技能。而有的人把简单的事情研究着做，却能从中获得巨大的收益。所以，同样是做事，引导孩子在做中去学习和研究，必将成就每一个努力的孩子和他的家庭！

有感科学教学生活化

重庆市江北区玉带山小学校　周小云

《科学课程标准》强调，科学与现实生活的联系，要求学生能用所学知识解释生活和生产中的有关现象，解决有关实际的问题，了解科学在现代生活和技术中的应用及其对社会发展的意义；课标明确要求教师在科学教学活动中关注学生对周边生活环境的探究兴趣和需要，根据学生年龄特点及学习方式，使用贴近小学生生活的方法进行科学教学。为达成以上标准，在小学科学教学活动中，我有以下几点感悟：

一、科学课堂生活化

为引导小学生的科学课走进生活，老师要善于在学生生活的各个环节、各个教育领域中捕捉科学教育契机，随时了解学生的兴趣所在，从学生的兴趣出发，鼓励学生主动探索科学现象，用科学知识解决生活中的实际问题，培养学生对科学的求知欲和探索欲望。

1.创设科学的教学情境，激发学生学习兴趣

小学生的科学课程与他们的一日的学习和生活活动很贴近，教师如果从学生的一日学习和生活活动中去寻找教学契机，创设符合学生认知发展的生活化教学，学生就会积极主动地去学习。我在教学人教版小学一年级下册第三单元"有趣的磁铁"时是这样创设生活化情境的："同学们，今天我来给大家变一个魔术，不用粘胶，就能将这个物体（磁贴）粘在黑板上，你能行吗？"话音刚落，有学生激动地举手："老师，我可以，你手里的圆形是磁铁，磁铁可以吸在黑板上，我在幼儿园就知道了！"这时我很轻松地引入"今天我们一起来探索磁铁的秘密"，学生参与学习的积极性空前高涨。

2.科学组织，创造合作学习科学的氛围

在教学的过程中，老师应该根据季节气温特点及学校区域位置特点，根据不同的课程内容采用灵活的教学方法，以体现科学课程对生活的指导作用。比如，在教学"养蚕"这一单元时，应根据城市学生的认知情况及重庆地区气温变化状况，提前一周从网上购买蚕种，并调查班上哪些学生所在的小区有桑树，具备养蚕的条

件。在给学生上第一课时，就把蚕种分给具备养蚕条件的学生，鼓励学生带上桑叶，与不具备养蚕条件的同学自由分组，合作饲养，并做好观察记录，从而让班上每一个学生都能参与到认识蚕的生活习性、特点中去，积极、主动、顺利地完成"养蚕"这一单元的学习。

科学课程的指向性很强，目的就是要尽可能地培养每一个学生动手能力、观察能力、记录能力、分析能力、总结能力。怎样激励学生从被动学习中走出来，将学生的探究兴趣引向更深的层次？合作学习是必要的形式。

3. 融入生活环境，探究学习方法

《义务教育科学课程标准》中强调："科学学习要以科学探究为核心。"要想提高小学科学课堂教学的有效性，必须要关注学生的探究学习过程。例如，在教学"校园里的植物"时，需组织学生在校园里有序观察校园里的植物，从树木到花草，从叶子的形状、大小，花的颜色和气味，已知的植物和未知的植物等各方面做好记录。这样，课堂融入了学生的学习生活环境，科学融入了学生的生活，既让学生的知识面得到了拓宽，又互补了学习方法和学习内容的得失。整个课堂完全不需要老师去说教，学生的学习过程其实就是分享自己探索的过程，整个学习氛围既快乐又充满学习的乐趣。

科学知识的获得离不开对生活环境的主动探索，学习内容与生活环境结合越紧密，越能调动学生主动学习的欲望，探究欲望越强烈，更能培养学生积极探索的创新精神。

4. 学科学，用科学

科学源自生活经验的总结，学生如果能把所学的科学知识用于生活中，在利用科学知识方便生活的过程中获得成就感，学生的探索和实践精神会大大提高。

例如，为教学"位置和方向"这一内容，我将课堂搬到了教室外面，让学生置身于学习环境之中，以太阳为观测点，利用已有的生活经验，根据自己身体的方位来形成辨认东、西、南、北这四个方向的技能。

课后让学生分组以操场的升旗台为中心，制作校园示意图，提醒学生要在图上标明校园各个建筑的名称及方位，将自己制作的校园示意图给自己的家长做讲

解，让家长根据示意图来参观学校或者开家长会不会迷路。

学生喜欢这种与他们生活息息相关的科学知识，并且以能够把科学知识用于生活作为学习最大的收获。

二、生活体验式的学习方法

小学科学课紧密结合生活、知识面广、充满活力。因此，老师要鼓励学生亲身体验，多方感受，通过参与实践来主动汲取知识，激发学习热情。

1. 调动自己的感官

课堂体验是多向性的，对于学生来说，体验的第一步就是通过感官进行的，其中包括眼去观察、耳去聆听、鼻去嗅气味、舌尝味道、触觉的感知以及心理的感悟。丰富的感官视野需要多方位的教学资源对学生形成启发，教师要善用各种现代科技教学手段，尽可能地为学生制造多元体验机会。

2. 鼓励学生积极参与实验、实践

科学的定义包含科学知识、科学思维方法、科学态度。实验、实践是学生用科学的思维方法、持有科学的态度去巩固、探索科学知识的必要途径。实验、实践离不开动手操作，如果说感官体验是一种激发，那么动手操作所获得的感受体验就是一种渗透，是一种实实在在的行动结果，它更具有直观的说服力和丰富的思想延伸性。小学科学是一门注重实验的学科，只有多为学生提供动手机会，他们才能对知识理解得更透彻、学习兴趣更浓厚。在教学"有趣的磁铁"这个单元时，学生在分组探索磁铁磁性的活动中，学习情绪明显高涨，注意力非常集中。

三、科学教学向课外生活的延伸

《义务教育科学课程标准》特别强调"课程的开放性"，科学教学不应仅限于课堂内，还应该把其延伸到课外学习生活中。科学课程不应该将课堂的结束作为教学的结束，而应该将课堂的结尾作为连接课内外的纽带，积极开辟第二课堂，充分利用现有的资源引导学生做好课外观察和探索的工作。如"养蚕"这一单元，就可以安排学生在课外、家里观察并且记录蚕的生长过程，利用各种资源了解中国传统的养蚕知识、丝绸知识，以及延伸到古代的丝绸之路和今天的"一带一路"的相关知识，使学生从课内到课外，从古代到现代，对所学知识加深印象、加强联

系、融入现实与生活，促进理解和运用，从而培养学生的观察能力和实践能力，进而提高小学科学课堂教学的有效性。

总之，小学科学教学要紧扣课程标准自然地融入学生日常生活的事物和现象之中，为学生创设学习条件、激发学生学习兴趣、鼓励学生合作探究、调动感官、积极实践、学以致用。让学生感受到科学已融入生活中各领域，已经、正在、将会深刻地改变着我们的生活，让我们的生活越来越便捷，从而增强学生对科学探索的浓厚兴趣，形成学科学、用科学的意识，同时提升发现问题、解决问题的能力。

以课程　创未来
——玉带山小学 A-STEM 课程建设汇报

重庆市江北区玉带山小学校　张俊锋

一、成立 A-STEM 项目组

2020 年，江北区成立了 STEM 创新工作室，我和周娟老师有幸成为第一批 STEM 种子教师，在杭州参加了第一期种子教师培训。2020 年 12 月，我校成立了 A-STEM 项目组。核心领导小组负责做好顶层设计，确保项目精细化实施。项目执行小组负责课程设计、开发、实施、成果收集。

二、加强师资培养

为了充实学校的 A-STEM 项目师资力量，学校引进了重庆大学土木工程系的专业人才，同时也邀请专家对项目组老师进行专业培训，进行理论的引领和指导，为 A-STEM 项目的设计打下了坚实的基础。

三、构建 A-STEM 教育课程体系

核心领导小组从学校的实际出发，重新构建了 A-STEM 教育课程体系，课程分为 6 大类。

1. 必修课程

必修课程是我校在每周四下午全校师生参与实施的基于 A-STEM 的"第一站"综合实践活动校本课程。

2. 项目课程

项目课程是以项目式学习为主的 A-STEM 项目课程，由于现在是开发设计阶段，目前利用的是每周一、三、四的社团活动时间实施，部分学生参与。以后，6 个课程开发完成后，将用一周的时间作为"A-STEM"实践周，在这一周的每天下午实施 A-STEM 项目课程。

3. 学科融合课程

学科融合课程是将 A-STEM 融入语文、数学、科学、信息技术等学科，开展"从教走向学"的教学模式变革。

4. 活动拓展课程

活动拓展课程是每年举办的 A-STEM 嘉年华活动，全校学生、教师和家长共同参与，从而实现活动育人。

5. 竞赛类课程

依托各类竞赛，如 DI 创新思维、机器人、3D 打印、未来城市、未来问题解决等，挖掘学生潜能。

6. 家庭 A-STEM 课程

组建家庭实验室，让家庭成为 STEM 教育的土壤，如"美的帽子""自带光环"创意活动。

四、A-STEM 项目课程介绍

目前我们的 A-STEM 项目课程已初步设计了 3 个，分别是六年级的"未来船舶工程师"、五年级的"智能空间改造"、四年级的"多功能鞋的设计"，本期已实施的是六年级和四年级的项目。

在项目设计之前，我们项目组全体成员和专家一起多次讨论、论证，最终才确定课程方案。

"未来船舶工程师"以重庆的地域特点和中国造船业的现状为背景，以培养中国"未来船舶工程师"为项目主题，培养学生为祖国而学习的爱国情怀和使命感。

该项目设计融合了 PBL 项目学习与 STEM 理念，以富于挑战性的驱动性问题为导向，调动学生的高阶思维，综合运用科学、技术、工程、数学等多学科的知识解决问题，形成合作、互助、共享的学习品质，提高动手实践能力、分工协调能力和合作探究能力。整个项目围绕着"造一艘具有某种特殊功能、外观独特、有一定载重量且能在特定水域独立航行的船"的项目驱动性问题展开，分 5 个阶段实施。

"多功能鞋的设计"项目是学校"第一站"课程"家"系列的 3.0 版本的一次项目课程尝试。结合学校"培养创造中国未来的学习者"的育人目标，以"未来生活"为主题，从学生生活中离不开的鞋子出发，发现鞋子存在的问题，引发学生的思考：2050 年的今天，我要设计一双适合（　　　）穿的多功能鞋。

本项目从学生的真实生活情境出发，以未来生活为主题，让学生感受生活的变化，从而激发学生对未来探索的兴趣，以富有挑战性的驱动性问题为导向，调动学生的高阶思维，培养学生的创新精神和创新能力以及运用所学知识解决问题的能力。

项目以驱动性问题：设计一双适合（　　）穿的多功能鞋展开，分了5个阶段实施：确定多功能鞋的设计方向和理念，学习设计多功能鞋具备的知识和技能，多功能鞋子设计图的迭代，多功能鞋子模型的制作、测试和改进，举行多功能鞋子发布会并反思项目学习。

在项目实施前，项目组成员进行了精心的准备，其中包括建立学习资源包、编写学生学习活动手册。

在实施的过程中，来自杭州的专家和江北区STEM创新工作室的全体成员对我们的两个项目进行了3次现场指导，给我们提出了很多宝贵的建议，同时也得到了专家和同人的高度评价。由我、周娟、陈雪萍、赵子苇4位老师组成的"扬帆起航"队，并利用这两个项目参加了正在举行的第四届中国STEM教育发展大会，在第一轮比赛中获得非常好的成绩，满分25分，获得了24.25分，名列全国前列，是江北区所有参加团队中的第一名。

本学期举行的A-STEM嘉年华，我们的目的就是向全校师生普及A-STEM教育，通过简单的A-STEM项目，体验工程教育的5步探究法。一、二年级我们举行的是"纸牌高塔"项目，三、四年级举行的是"意面高塔"项目、五、六年级举行的是"车轮滚滚"项目。通过项目的实施，全校师生及家长更加深入地了解了A-STEM项目，改变了学生的学习方式，促进学生工程思维能力的提升。

通过这几年A-STEM竞赛类课程的实施，我们已经取得了不错的成绩。DI（Destination Imagination）比赛获重庆市一等奖40人次，全国一等奖11人次，全球赛获第二名、并获得特别奖——火炬奖、亚洲探索精神奖，创造了中国区首次在社区问题项目中最好的参赛纪录，被授予重庆市DI模范学校、全国DI模范学校。机器人比赛获得国际金牌2枚、银牌1枚、铜牌1枚，全国一等奖11人次，重庆市一等奖30人次，被授予重庆市NOC大赛优秀组织单位、全国校级优秀组织单位。在近4年的江北区青少年科技创新区长奖评选活动中，获得青少年科技创新区长奖2人次；区长奖提名奖2人次。

如何在 DI 即时挑战训练中实施生活教育

重庆市江北区玉带山小学校　　申志

【摘要】人们往往重视学生的学校生活，忽视儿童的家庭生活和社会生活对儿童成长的意义和价值。DI 关注对青少年学生的创意思维、团队合作和问题解决等能力的培养，它关注的是创意问题解决和团队合作的过程式教育。这其中尤其缺乏的是来自学校这个独特的公共教育机构对打通学校生活、家庭生活、社会生活的方法和策略，缺乏构建儿童完整教育（应该包括学校教育、家庭教育和社会教育）的活动和机制，而 DI 即时挑战就是一个刚好能弥补这种缺陷的教育活动。

【关键词】DI 即时挑战；生活教育

一、生活教育的现状及必要性

人们往往容易看到儿童学校生活中的学科学习生活，忽略儿童在学校生活中的其他各类生活形态。另外，人们往往重视学生的学校生活，忽视儿童的家庭生活和社会生活对儿童成长的意义和价值。其中尤其缺乏的是来自学校这个独特的公共教育机构对打通学校生活、家庭生活、社会生活的方法和策略，缺乏构建儿童完整教育（应该包括学校教育、家庭教育和社会教育）的活动和机制，而 DI 即时挑战就是一个恰能弥补这种缺陷的教育活动。

针对我国生活教育的现状，如学生中独生子女占很大比例，个人主义思想严重，不爱合作，动手能力和解决问题的能力不强，陶行知先生曾指出，我们的真正指南针只是实际生活，实际生活向我们提供无穷的问题，要求不断地解决。DI 关注对青少年学生的创意思维、团队合作和问题解决等能力的培养，它关注的是创意问题解决和团队合作的过程式教育。玉带山小学邹校长看到了 DI 比赛的魅力，这和学校"培养创造未来中国的学习者，走向世界第一站"的理念相契合，DI 比赛可以更好地将学生学习和生活融合。

二、在 DI 即时挑战训练中提高学生解决问题的能力

DI 比赛包含团队挑战和即时挑战赛。而即时挑战又分任务类、表演类和综合类。首先在团队合作方面，训练时要求 5~7 人合作，每个人分工不同，可以有队长、计时员等，有的学生喜欢争着当队长，甚至互不相让，或者都不想当，这就要求队员有很强的团队合作意识。我们通常要求队员们轮流当队长，最后看谁最适合当队长，队长还要善于协调伙伴们的人际关系，让他们像生活中的兄弟姐妹一样和睦相处。

其次，在问题解决方面，比如表演类的"报喜不报忧"，要将三则负面新闻报道为好消息，以训练孩子们的想象力、语言表达能力以及乐观的心态；"最佳导游"要求孩子们结合生活中的体验观察，想象旅游地点意外改变之后，自己扮演一位最佳导游，这会引导孩子们在生活中"处处留心皆学问"的学习方式。

在训练中可以将生活中的大多数问题融入挑战内容。任务类挑战训练又细分为若干项目。如结构类题目往往提供一些牙签、吸管、纸、标签纸、回形针等材料，制作成的结构有的要求尽量高，有的要求尽量长，有的要求能承受尽量多的质量……发送类题目往往要求把乒乓球、高尔夫球、铅笔、玻璃珠等物品从一个地方运到另外一个地方；信号类题目要求队员利用提供的材料建立一套通信系统，如不说话、不用文字、接力共同画一个物品让另一半队员来猜等。这些挑战通常要求在 5~8 min 内完成。挑战时教练老师不能干涉。平时听老师的话习惯了的乖孩子们开始很不适应，在训练中孩子们开始往往不能按时完成任务，或者注意了时间任务又不能保质保量地完成，随着训练的重复，渐渐地孩子们树立起了时间意识和任务意识。在"搭高塔"任务训练时，为了尽量搭得高，孩子们又常常忽略了底部基础的扎实，最后前功尽弃，塔"轰然倒下"，导致基础分都没有，这让孩子们明白做事要讲究策略，"万丈高楼从地起"，基础打牢有多么重要。在完成任务的同时，还要有与众不同的创意才能获得高分，这让孩子们身处兴奋的挑战中而乐此不疲。失败了没关系，多训练几次，孩子们不再为失败而气馁，成功就离孩子们越来越近，自信心油然而生。孩子们常说这些是在书本中学不到的。

三、训练成效及思考

正是基于这样大量的训练，经过近半年的努力，玉带山的 DI 队员们先后在 2016 年获得全球 DI 总决赛的 PO 挑战第二名和唯一特别奖——"火炬奖"，2017 年在第十二届 DI 创新思维中国区总决赛中获"DI 探索精神奖"特别奖和全球赛参赛资格。由上所述，DI 挑战的教育活动由于具有开放性、先进性和发展性，所以能够在短短的十几年风靡全世界。如果把 DI 即时挑战训练渗透到平时的教学中，相信学生们所受的教育一定会更加圆满，在生活中将更有创造力。

少儿编程"六步"教学法探索与实践

重庆市江北区教师进修学院　李伟

【摘要】"人工智能+"时代编程思维的培养已成为人们关注的焦点，编程教学要着重培养学生的计算思维以及对问题的分析、解决能力。根据少儿的认知特点进行编程教学策略探究，通过在教学实践中的不断探索，总结出以学习者为中心的少儿编程"六步"教学法。该方法有效提高了学生的编程思维能力，真正引领学生创造性思考、科学化推理以及高效处理实际问题。

【关键词】少儿编程；"六步"教学法；探索与实践

信息技术课程主要是培养学生信息素养、计算思维、数字化学习及信息社会责任4个方面的能力，开展编程教学能很好地促进学生信息素养和计算思维的培养，探索更加适合学生发展的编程教学方法，意义重大。创新少儿编程教与学模式，是基于以学习者为中心的编程教学策略研究，在教学实践中的不断探索，提炼出少儿编程"六步"教学法。

少儿编程"六步"教学法真正实现了以学习者为中心，并以活动形式组织教学，包括剧本设计、流程分析、动手实践、调试修改、探索空间、交流分享等6个步骤，"流程分析、动手实践、调试修改"环环相扣，相互关联。在教与学实施过程中，"六步"教学法充分体现明确可测的学习目标、自主合作探究时间、精准有效的学习反馈等教学要素。各教学要素融入"六步"教学法中，有明确可测的学习目标贯穿整个教学步骤，并着重在"剧本设计"环节中得以体现；有充分的自主合作探究时间，着重体现在"流程分析、动手实践、调试修改"中；有精准有效的学习反馈更为直接地体现在"交流分享"中。"六步"教学法与各关键教学要素关系如图1所示。现将"六步"教学法详细介绍如下：

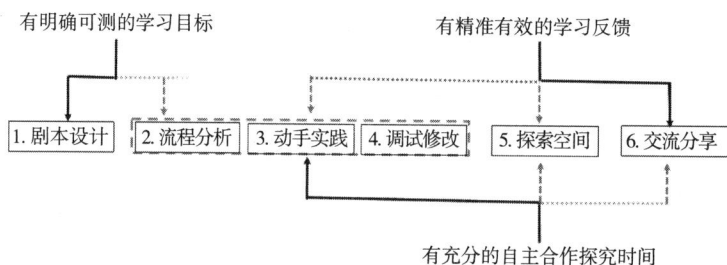

图1 "六步"教学法与教学要素关系

一、剧本设计

剧本设计，就是为解决某个问题的活动设计，包含角色、任务两大要素。剧本设计充分体现了项目学习、任务驱动学习、单元主题学习等教学理念，都是以创设情境，解决问题，完成任务为目标。选择基于问题解决的单元主题，确定蕴含学科本质且可测量的单元目标，设计具有深度学习特征的单元学习活动可取得更好的单元教学效果。在编程教学中，有明确可测的学习目标主要体现在剧本设计环节中，即本课要完成的学习任务。这里的学习目标，主要强调的是学生的技能目标。学习任务即学习的目标（技能），它是程序最终达成的效果，具体化到程序中的每一个角色，指向性明确。

同时，编程教学不应是单纯的程序语言教学，需要创设学习情境，激发学生的需求和兴趣。通过剧本设计创设与学生生活、学习相关的情境，激发学生的学习兴趣，将学生引入编程主题学习中，将学习任务具体化到程序中的各个角色任务，让编程主题学习更有趣味性、指向性和目的性。

例如：在进行"小猫识途"的教学时，首先进行情境创设明确该主题要完成的学习任务——小猫在探险迷路了，需要通过指定路线才能顺利回到飞船。其次明确涉及的角色是小猫和飞船。最后分解角色任务：小猫任务——通过指定路线回到飞船；飞船任务——停在路线的终点。《小猫识途》剧本设计见下图。

剧本设计：小猫在探险时迷路了，需要通过指定路线才能顺利回到飞船。

角　色	任　务
小　猫	通过指定路线回到飞船
飞　船	停在路线的终点

图2 《小猫识途》剧本设计

二、流程分析

计算思维以抽象、形式化表达、构造、自动化所构成的方法路径来解决问题。在教学中需要借助流程图，帮助学生厘清解决问题的思路，提炼算法。进行编程教学时应明确学习目标，完成剧本设计，最关键的一步就是厘清完成学习目标的思路，即流程分析。引导学生根据自身学习经验或与合作者交流探究、集思广益进行问题分析，对整个编程作品进行逻辑思维梳理，对编程作品的思路方向进行深入探究，找到解决问题的方法、思路（算法）的共识，这是一个开放式的探究过程。

例如：在进行"小猫识途"的流程分析时要给予学生充分的自主合作探究时间。学生分小组进行编程作品思路的探究，自主合作探究，解决问题，整理出编程思路和算法——小猫回到飞船要经过一条弯曲的道路，这就需要让小猫对行走的路线具有识别功能，在小猫头部的左右两边绘制绿色和红色的圆形来表示感应器，当两种颜色的感应器碰到黑色的路线时，即红色或绿色碰到黑色，判断小猫偏离路线，通过让小猫旋转一定的角度改变行进方向，使小猫始终沿着规定的路线行进，流程分析图如图3所示。

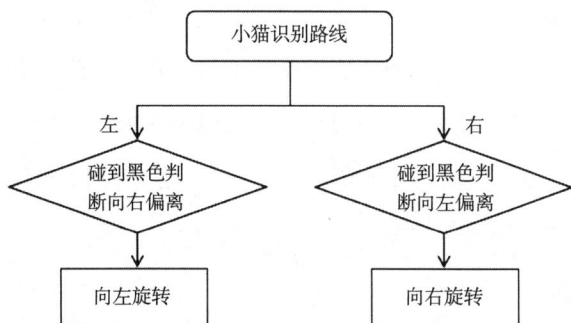

图3　"小猫识途"流程分析图

可见，流程分析它以实现技能目标为目的，通过自主合作探究厘清编程思路和算法并画出流程图，将学习任务进一步细化，是程序作品达到目标效果最有效的实施途径。

三、动手实践

著名教育家杜威提出"从做中学"，编程学习更应以学生为中心，将儿童的本能和兴趣置于首位进行有意义的、生活化的学习活动方案设计，儿童在自己感兴趣的教育活动中进行学习体验，学生通过参与编程活动获取知识经验，这些"经验"包括学到的知识，学习能力以及思维方式等，更有助于学生的自我成长与发展。

动手实践环节是学习者将理解到的学习目标，通过流程分析后付诸实际操作。而这个过程并不是传统分步骤式的教学生怎么做，也不是依葫芦画瓢，而是一个实践的指导性攻略，更是一种探索。这是一种游戏的理念，探索一个未知的副本，要不停地做"攻略"或者依据"开荒者"的"攻略"去探索并完成通关。动手实践就是一个"开荒者"的攻略。

在动手实践环节学习者以学习目标为指引，自主探究和合作学习，及时进行学习反馈，提出疑难问题，师生一起探究解决。该环节中教师要鼓励学生大胆尝试，培养学生自主合作探究的能力、解决问题的能力和创新能力。

四、调试修改

美玉都是经过不断的雕琢完成的，一个好的编程作品更是如此。调试修改顾名思义就是学生对自己的编程作品不断地修订、完善，通过调试修改最优化自己的编程作品。例如：学生在完成"小猫识途"编程作品时，如果小猫在移动时偏离路线就需要修改。首先检查颜色选择是否准确，然后检查小猫的移动速度是否过快，最后检查小猫的旋转角度是否合适，并根据检查结果对程序进行修改和调整。再如，在完成"捉迷藏"编程作品时，如果小树没有挡住小动物，就需要进一步调试，将小树置于最上层等。

五、探索空间

学习者要举一反三，不断探索才有进步的空间。学习者通过调试修改完善自己的作品之后还可以进一步地探索如何让自己的作品更有深度，充分发挥自己的想象，展开进一步的探究学习。

例1：在"小猫识途"的主题学习时小组合作探究了解指令"碰到颜色"和"颜色碰到颜色"的区别，学习者进行自主或合作探究试着编写出无人驾驶的汽车在公路上前行的程序。通过探索和分析了解了"碰到颜色""颜色碰到颜色"指令和"如果"条件指令组合，实现角色碰到颜色或者角色上的颜色碰到其他颜色后执行相应的操作，课后还可以举一反三地创作出更多的游戏程序，如射击游戏、弹球游戏等。

例2：在"捉迷藏"主题学习时，当学习者实现了小猫和小猴的捉迷藏效果之后，可通过添加新角色、添加和切换背景让更多的角色参与到捉迷藏游戏中，通过自主探究和小组讨论碰撞出创新的火花，不断地探索、创新、完善自己的编程作品。

六、交流分享

"交流分享"为学生提供了最直接、精准有效的学习反馈。学习反馈可以是指导性的、建议性的和评价性的，反馈者可以是老师、同伴或学生本人。通过主题学习，学习者在掌握相关知识的同时也完成了编程作品。学生通过交流分享自己的学习所得。交流分享一是可以分享自己的学习心得，如自己调试、修改过程中总结的编程技巧和方法、学习中遇到的疑难问题等；二是可以上传自己的作品到网络学习平台，拓展分享交流的面，进行线上欣赏和交流，进一步学习和汲取经验。

例如：当完成"小猫识途"主题学习后同学之间进行分享交流。一是交流本主题的关键知识点以及自己完成的学习任务情况；二是展示自己的作品，互相欣赏；三是分享自己在设计完成编程作品过程中的技巧和心得，提出自己遇到的疑难问题。例如，师生探讨"小猫是怎样准确识别路线的？"对所学知识进行总结归纳，举一反三，巩固和加深本主题知识点的学习。

综上所述，通过"六步"教学法进行编程教学，使编程教学有明确可测的学习目标、有充分的自主合作探究实践、有精确有效的学习反馈。通过剧本设计设置情境，规划主题学习内容，明确学习目标；通过流程分析厘清思维脉络，对整个编程作品进行逻辑思维梳理和进行编程作品思路方向的探究，为动手实践打下基石；通过动手实践"做中学"，培养学生的动手能力和自主、合作的探究能力，将所学知识运用到实际中去；通过调试修改进一步完善编程作品，对所学知识进行梳理和加深；通过探索空间进一步探索、创新，进行深入的学习；通过交流分享获得精准有效的学习反馈，聚"百家之言"、汲取经验，深化和巩固主题学习。实践证明，少儿编程"六步"教学法，有利于培养学生的编程思维、探究能力和解决实际问题的能力，极大丰富了少儿编程教育的教与学实践。

参考文献：

［1］田爽，李云文．基于深度学习理论的单元学习设计策略——以小学图形化编程为例［J］．中小学数字化教学，2021（02）：30-34.

［2］魏晓风，蒋家傅，钟红，等．我国中小学编程教育发展的路径思考［J］．中国教育信息化，2018（24）：1-4，9.

［3］孙芳．浅谈高中信息技术程序设计的计算思维教学方法［J］．智力，2020（15）：65-66.

［4］陈晓红，吴坚刚．基于教育虚拟社区的校本课程教学探索［J］．中国教育信息化，2015（02）：50-52.

浅谈线上和线下融合的中小学科技教育

重庆市江北区教师进修学院 卢文超

【摘要】随着大规模新冠肺炎疫情的到来，教育方法和参与的教学活动也在发生变化。以前是面对面的授课教育，而现在网络平台日益渗透到线下中小学科技教育中，出现相互融合的趋势。而且线上与线下中小学科技教育的结合这一创新模式的学习方式受到了关注，也为我国的科技教育带来了变革。线上和线下的科技教育呈最流行的趋势，这种趋势将存在很久。在疫情背景之下，只有将线上与线下中小学科技教育相结合才能达到教育的理想化。

【关键词】线上；线下；中小学；科技教育；融合

教育部于 2020 年 8 月 27 日宣布，为巩固春季学期"停课不停学"取得的成果，将进一步推进线上线下教育教学的紧密融合。2020 年 7 月，国家发改委发布支持新业态新模式健康发展意见，明确指出构建线上线下教育常态化融合发展机制，形成良性互动格局。华东师范大学终身教授、博士生导师祝智庭在《技术赋能教育变革：线上线下融合教学新样态》主旨报告中谈道："大规模疫情暴露教育系统的脆弱，线上线下融合（OMO）是未来教育常态，他阐释了 OMO 模式的教育内涵及新认知，并分享目前国内 OMO 的应用形态，他强调在 OMO 教学创新设计与实践模式中，一定以学习者为中心。"2020 年年初，由于新冠肺炎疫情的影响，导致师生暂时离开了被称为"学校"的实体空间，转而进行线上教育。师生均采取居家方式，充分运用自己家庭的个人智能设备和家庭网络环境开展在线教学，包括智能手机、计算机、平板电脑等。应该说，"停课不停学"所持续的 2~4 个月的时间里，无论教师还是学生，都克服了重重困难，勇于尝试全新的教育方式，积极开展了数字化环境下的教学尝试……从中我们不难发现，在线教育存在短暂窗口期的鲜明特征。这样线上科技教育才能与线下科技教育互相融合，下面我们来看这一幅图解。

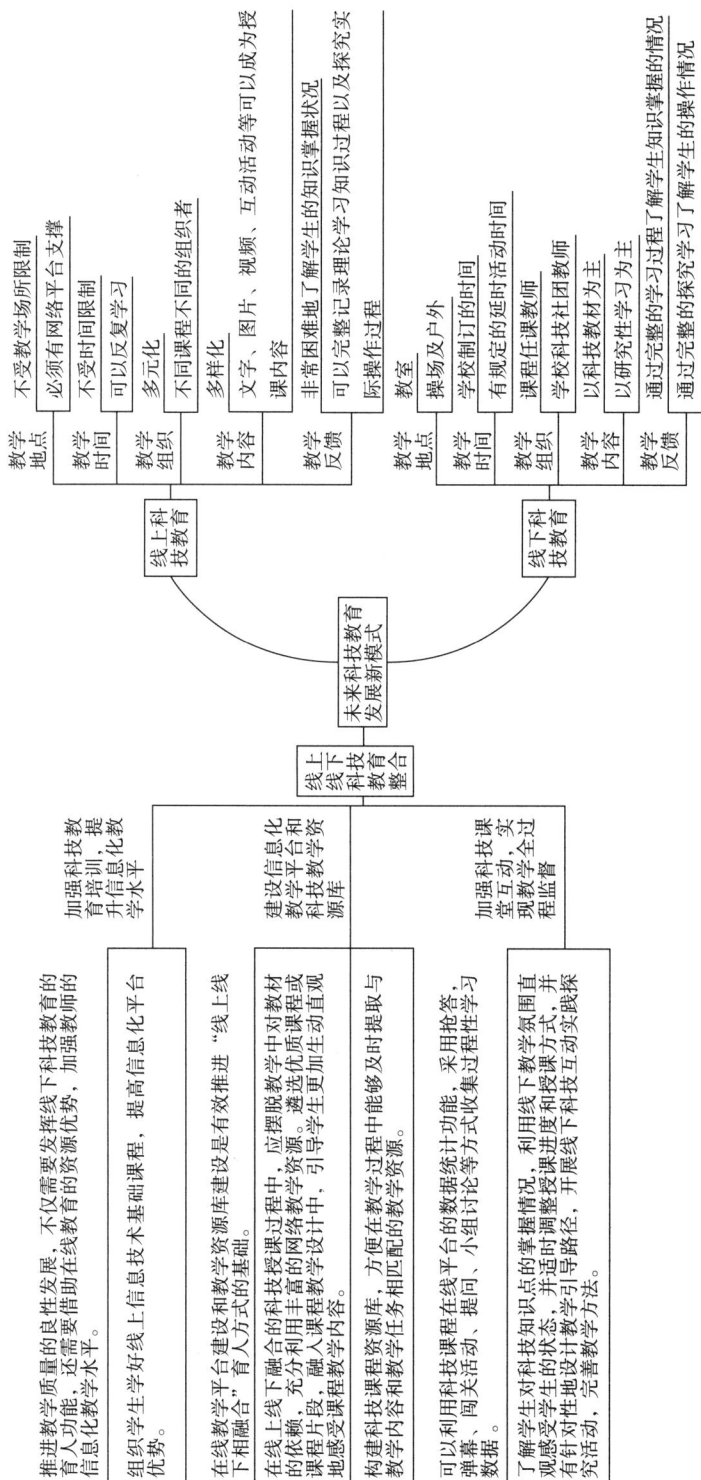

未来科技教育发展新模式

线上科技教育
- 教学地点：不受教学场所限制；必须有网络平台支撑
- 教学时间：不受时间限制；可以反复学习
- 教学组织：多元化；不同课程不同的组织者
- 教学内容：多样化；文字、图片、视频、互动活动等可以成为授课内容
- 教学反馈：非常困难地了解学生的知识掌握状况；可以完整记录学习过程以及探究实际操作过程

线下科技教育
- 教学地点：教室；操场及户外
- 教学时间：学校制订的时间；有规定的延时活动时间
- 教学组织：课程任课教师；学校科技社团教师
- 教学内容：以科技教材为主；以研究性学习为主
- 教学反馈：通过完整的学习过程了解学生知识掌握的情况；通过完整的探究学习了解学生的操作情况

线上线下科技教育整合

加强科技教育培训，提升信息化教学水平
- 推进教学质量的良性发展，不仅需要发挥线下科技教育的育人功能，还需要借助在线教育的信息化平台。
- 组织学生学好线上信息技术基础课程，提高信息化教学水平。

建设信息化教学平台和科技教学资源库
- 在线教学平台建设和教学资源库建设是有效推进"线上线下融合"育人方式的基础。
- 在线上线下融合的科技授课过程中，应摆脱教学中对教材的依赖，充分利用丰富的网络教学资源。遴选优质课程或课程片段，融入课程教学设计中，引导学生更加直观地感受课程教学内容。
- 构建科技课程资源库，方便在教学过程中能够及时提取与教学内容和教学任务相匹配的教学资源。

加强科技课堂互动，实现教学全过程监督
- 可以利用科技课程在线的数据统计功能，采用抢答、弹幕、闯关活动，提问、小组讨论等方式收集学习过程数据。
- 了解学生对科技知识点的掌握情况，并适时调整教学状态，针对性地设计和引导教学，完善教学方法。
- 了解学生学习的状态，利用线下教学氛围在教学授课过程中调整授课进度和授课路径，并开展线下科技互动实践探究活动，完善教学方法。

从图中可以看出：中小学科技教育必须由线上教育与线下教育所支撑，然后经过不断融合形成一套未来发展新模式。中小学科技教育更是这种发展趋势的一大特点。现从下面几点进行深入研讨。

一、线上和线下融合的中小学科技教育成为当今的发展趋势

（一）网络平台的使用成为线上科技教育的特色

线上教育一般指的是基于网络的学习行为，我国在线教育的发展已有一定的时间，2020 年在线教育使用情况呈现大幅提升的现象，传统教育与在线教育各有其特点，深入了解两种教育方式的特点，有助于优化教学方法，提升教学效果。线上科技教育的学习行为是利用网络资源平台（腾讯视频、钉钉等网络平台）进行线上科技教育，这样的教学特征是：同学们在任何时间段进行实践探究学习不会受到太多阻碍。网络教育便捷、灵活多变，在学习模式上最直接体现了主动学习科技教育的特点，充分体现了线上科技教育的未来发展趋势。例如，我在一节线上科技课堂上，利用投屏直播的方式进行教学，通过科普社团作为主题，让同学们知道网络资源能够学习到科技课知识点，这样更能让同学们在小组活动上探究与掌握新的知识。

这样的学习形式让教师与学生、学生与学生之间的效率进一步提高，通过网络平台进行科技课的交流拉近了我与学生的距离，增加了我与学生的交流机会和范围。同时，通过网络平台对学生提问知识点、探究问题以及总结与分享等进行

的统计分析，能使我了解学生在学习中遇到的困难、难点和探究问题，更加有针对性地指导学生。

（二）互动环节的呈现作为线下科技教育的亮点

线下教育是指校园课堂的面授教育，是运用于学校、学院或大环境的正规课堂教学，也称传统教育。作为线下科技教育这个未来发展趋势来说，其教学形式是比较创新的，也是运用计算机网络平台实施的。首先把教师的任务展示出来，同学们通过利用特有的科技理论知识开展互动活动。例如，我有一节线下科技教育课程"四驱车科技课"，这个活动是一个常规的科技活动，孩子们通过搭建、扩充、调试3个环节进行操作。最后在指定的场地进行比赛。这样的活动丰富了孩子们的课余生活，又使动手能力得到了进一步提高。例如，我们的四驱车项目是根据图纸进行搭建。第一步：将车面安装彩标；第二步：安装龙头导轮；第三步：安装凤尾导轮；第四步：安装前侧板和龙头；第五步：安装凤尾和后侧板；第六步：安装车轮；第七步：安装金属铜片；第八步：安装马达和齿轮；第九步：安装开关马达后盖；第十步：安装前盖电池；第十一步：安装车面锁。最后进行互动竞速比赛。

通过互动活动，同学们一方面学习了四驱车的拼装技巧，另一方面学习了线下科技活动的实际操作，可系统地对每位同学的个人资料、学习过程和实操情况等实现完整的系统跟踪记录。针对不同学生提出个性化学习建议。网络教育为个性化教学提供了现实有效的实现途径。

（三）资源共享与网络快捷操作是在线科技教育的基础保障

良好的科技在线教育依赖质量高的在线教学资源，网络智能平台为在线教育提供了多样化的视频、音频、图片、电子书等直观、形象、生动的在线教育资源，但资源的质量不是很新颖，需要加以快速更新。虽然目前有国家精品课程、网络讲座、慕课等一批优质的在线教育资源，但资源库仍在建设中，且针对不同的目标人群，照搬照抄也难以实现良好的教学效果。

例如：我在一堂网络科技课上，利用网络平台资源将动漫服饰发放给孩子们，让他们通过平台的素材找到相应感兴趣的话题，进行动漫人物服饰的设计，这样的活动既让孩子们感受到了网络平台的方便快捷，又让孩子们感受到了在线活动的趣味性。通过这个例子可以看出：教学管理计算机网络的教学管理平台具有自动管理和远程互动处理功能，被应用于网络教育的教学管理中。远程学生的咨询、报名、交费、选课、查询、学籍管理、作业与考试管理等，都可以通过网络远程交互的方式完成。资源共享是当今在线科技教育的必经之路，它促进了孩子们的自学技能，这种方式的产生必将成为当今科技教育变革的走向，从而能够方便地与实践操作能力相结合，以达到非常好的效果。

二、线上教育与线下教育的融合是中小学科技教育发展特色

"停课不停学"虽然是特殊时期的一个重要环节，但也为教育改革带来了重要契机。基于线上科技教育和传统教育各自的特点，提升科技信息化教学水平，将线上线下科技教育相融合，有助于优势互补，提升教学水平和教学质量。从而达到较好的教学效果。接下来从以下 3 个方面进行讨论。

（一）加强中小学科技教育教学的技能扩展，提升孩子们的实际操作能力

推进科技信息化教学质量的良性发展，不仅需要发挥线下科技教育的课例进行进一步的学习，还需要借助在线教育的资源平台应用进行改进学习方法。例如，在我的一堂 cosplay 科技课中，首先在线上让同学们通过网络平台找到相应的科技动漫剧本，再根据相应的剧本找到网络资源库中的服饰、道具以及化妆设备。然后同学们通过自己选择的设备进行自制，最后把自制的装备穿着进行角色扮演。

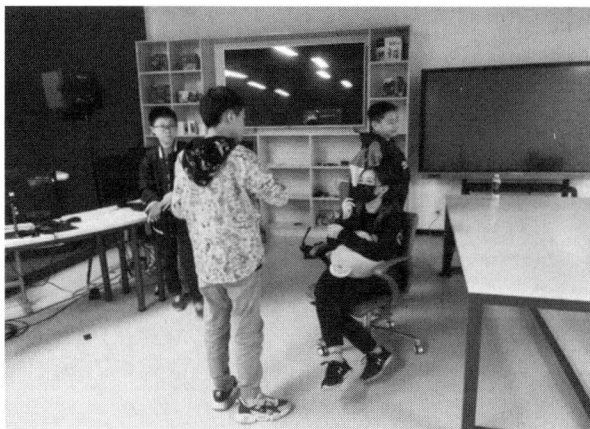

通过这个例子可以看出：学生在线下 cosplay 角色扮演中有好的效果和前期的线上的准备工作密不可分。他们通过线上资源库的选材、确定模型道具以及制作服饰等都下了很大功夫。这种科技教育模式是现代学生必将掌握的一门基础技术，也是教师未来科技教育发展的趋势。所以我们还应加强教师的科技信息化教学水平。组织开展教师参加科技教育线上教学能力培训，着重教学观念的养成、教学资源的获取、教学平台的选取和使用方法、网络教学环境的营造、科技教育线上教学设计能力，并将科技教育教学融入线下教学过程中。

（二）建设中小学科技教育教学平台和教学资源库

中小学科技教育在线教学平台建设和教学资源库建设是有效推进"线上线下相融合"育人方式的基础。科学技术部门组织优秀专家录入大量的视频教程，提供了大量的网络教学资源。在线上线下融合的授课过程中，能够让孩子们在家里享受到网络资源库学习，从而摆脱教学中对教材的依赖。例如，现在科技资源教育平台非常广泛，我在选择资源平台上下了很大的功夫。我选择平台的要求是既要更新速度快，又能让孩子们及时学到科技教育学科的知识点，所以建立教育平台非常关键。各个知识点都必须让孩子们进行查阅应用。

从这个实例可以看出：我们现在充分利用丰富的科技教育资源，遴选经典的科技教育活动融入科技课程教学设计中。这些科技活动案例必须更新速度快，在质量上必须有引领示范作用，这样才能让孩子们的学习更有主动性，积极查找科技资源库的原始资料，引导学生更加生动直观地感受课程教学内容。同时将找到的资源重新构建一个崭新的资源库，方便在学习过程中能够及时提取与教学内容和教学任务相匹配的教学资源。

（三）加强课堂科技教育活动互动，实时教学全过程监督

线上线下融合科技教育比单纯的线上或线下科技教学更为复杂，难度也更高。在共享与统筹制作优质资源下，这是一个课程教学的新领域。推进教师使用优秀线上教学视频的教学教研，促进一线教师自我内化、角色转化、合作分工，

鼓励教学模式创新。诸如双师课堂、翻转课堂、虚拟课堂等新型科技教育模式探索。相比线下教学，缺少互动一直是在线教育不能较好开展活动的问题所在，在没有为孩子们现场授课的情况下，教师很难通过在线平台了解学生的状态。例如：我在指导同学们一堂制图设计的科技课上，首先由同学们在线上学习，通过我提供的线上资源进行制图概念的查找，由概念得出制图的方法以及应用。学会方法应用后，再通过我自己的主题进行制图任务学习，最后以团队的方式进行总结展示。

从这个例子可以看出：采用线上线下融合的教学方式，构建适应科技教育的格局，既可以利用在线平台的数据查找资源以及统计功能，又可以采用抢答、弹幕、游戏活动、互动、小组讨论、分享与展示等方式收集过程性学习的科技教育数据，通过这些数据可以进一步了解同学们对知识点的掌握情况，还能利用线下的教学氛围直观地感受学生在科技教育互动活动中的状态，并适当调整授课进度和授课方法，更有针对性地改进科技教学方式的方法与策略，完善教学方法。

三、线上科技教育与线下科技教育的融合是混合科技教学模式下的一翼

混合科技教学模式既是未来的科技教育发展的模式，也是中小学孩子必须适应的教学模式。今天我们所了解的线上科技教育模式是由网络平台所操作的。相比线下科技教育，线上科技教育仍有很多不足之处，好比凤之两翼，其一未丰。

为了更好地去研究实践混合科技教育模式，我们现在必须着力去研究线上和线下科技教育融合。例如：我的一堂科技线上线下融合课带领孩子们研究重庆石刻文化。他们先从线上资料查找做好准备，然后到实地考察实践得出结论。具体如下。

（一）前期准备

查阅资料，确定石窟位置与数量，制作各石窟数据资料册。

根据研究目的，收集石刻的空间分布、开凿时间分布、题材分布、开凿规模、造像类型、地理环境等资料。

重庆国保石刻理论数据资料册

级别	一级	二级		三级
石刻名称	大足石刻群	弹子石大佛	石门大佛	崇龛千佛寺
位置	大足区	主城区	江津区石门镇	潼南区崇龛镇
所属地域	渝西	渝西	渝西	渝西
与大足距离	以大佛湾为中心，呈全境辐射状分布	111 km	117 km	98 km
修建年代	晚唐至清	元末明初	南宋或明至清	初唐、中唐至明清
石刻数量	75 处 5 万余尊	主龛及五佛殿	佛寺一体	43 龛 311 身
艺术造诣	世界文化遗产	国内唯一	国内唯一	中唐精品
雕刻题材	佛教故事、世俗故事、三教合一、显密合一	弥勒崇拜	观音崇拜	天龙八部、菩提瑞象、菩提双树、显密合一
造像类型	摩崖石刻与石窟寺结合	摩崖石刻与石窟寺结合	摩崖石刻与石窟寺结合	摩崖石刻与石窟寺结合
地理环境	沿江的山谷、山崖	紧邻长江的山崖	紧邻长江的山崖	沿江的山谷、山崖

（二）实施田野考察，设计并收集整理考察资料册

田野考察是古迹考证的最主要方法，它可以提供被研究对象的第一手客观信息。我们用了两年时间，数次前往 4 座被研究的石刻，完成了群落采集、题材采集、窟檐及附属设施调查、雕刻技法、病害采集、道路交通、游客人数等几方面的数据收集。

重庆国保石刻田野考察手册

级别	一级	二级		三级
石刻名称	大足石刻群	弹子石大佛	石门大佛	崇龛千佛寺
岩体材质	砂岩	灰砂岩	灰岩	红砂岩
附属建筑	佛寺一体	佛寺一体	佛寺一体	原有寺庙不存
保护方式	自然窟檐、人工窟檐	石质人工窟龛	殿阁式窟檐	钢质棚顶，无排水系统
病害状况	水蚀、风蚀、褪色	风化、水蚀	褪色、剥落	水蚀、片状剥块、盗掘、崩塌
石刻群落分布	西南、西北、东北扇形分布，五山石刻群落	主城272处石刻，沿江分布	石刻93处，沿江散状分布	石刻59处，沿江沿山分布
石刻群落时代	晚唐、五代、两宋、明清	唐、宋、元、明、清	两宋、元、明、清	隋、初唐、中唐、两宋、元、明、清
群落特色雕刻题材	佛教世俗化故事、密宗造像，三教合一造像	弥勒镇江与水文观测	踏莲观音、立姿千手观音、北宋水月观音	天龙八部、菩提双树、菩提瑞、中唐密宗题材
雕刻技法	圆雕与浮雕结合，镂空、彩绘、金装	圆雕、浮雕、镂空	深浮雕、浅浮雕、圆雕、彩绘、鎏金	圆雕、浮雕、镂空、彩绘
游客人数 / 年	100万人次	约3万香客	3万乡村旅游人次	无
道路交通	优良	优良	优良	优良

（三）设计访谈提纲

为了补充关于石刻保护与传承、开发、利用的权威资料，我们采访了大足石刻研究院和西南大学艺术学院的有关石刻保护专家。通过与专家持续深入的沟通和交流，我们获得了重庆境内石刻总体保护规划及措施；年投入保护资金数额；取得的保护成果；政府远景规划等几方面资料。

重庆国保石刻专家访谈记录册

访谈对象	访谈时间	访谈地点	累计访谈时长	访谈形式
大足石刻研究院、西南大学艺术学院	2019 年	大足石刻研究院、西南大学	50 h	面谈、电话访谈、网络访谈
访谈目的	了解重庆境内石窟的保护现状及有关政策和措施；政府对石刻传承开发的远景规划			
访谈问题				
重庆石刻概况	重庆石刻类文物 2 056 处，主要分布在 6 个区县，分布广、数量大、价值高、被盗割破坏风险大			
重庆石刻管理机制	年文物抢险排险资金为 3 亿元；建立健全文物安全责任管理台账；将文物管理纳入政绩考核，分片包干责任到人			
田野石刻的保护举措	建立了专职文物保护员、文物巡查员、文物管理员制度			
重庆石刻保护成果	完成了抢救性保护和安防消防工程 16 项，基本排除石刻重大险情；建立健全了田野文物安全管理体系			
重庆石刻开发利用规划	重点发展大足大佛湾、北山旅游规划；其他石刻结合当地实际，以保护和尊重民俗为主			
重庆石刻宣传	以旅游宣传为主，力争游客接待人数突破 150 万人次			
重庆石刻文化活化规划	将大足国际旅游文化节打造成为国际知名品牌；在文化创意产品开发上，尚无好的方案			

（四）采访基层石窟管理人员

为了补充第一手石刻基层管理工作及保护工作的资料，我们设计了访谈提纲，在田野考察的过程中与基层文物管理人员进行了深入的沟通。他们长期身处文物保护第一线，与文物朝夕相处，与各种病害、盗掘不懈战斗。从访谈中，我们得到了三级石刻病害发展情况及政府举措的第一手资料。

崇龛石刻文管员访谈记录册

访谈对象	访谈时间	访谈地点	累计访谈时长	访谈形式
丁老师	2019 年	潼南崇龛千佛寺	4 h	面谈
访谈目的	了解千佛寺石窟的病害现状及后续保护措施；政府开发的远景规划；乡民的需求			

续表

访谈问题	
千佛寺造像病害情况	水蚀、风化、盗掘、片状剥落、崩塌日益严重
病害造成的主要原因	附属设施缺乏造成了造像色彩脱落；钢质窟檐无法解决排水问题，使水蚀情况日重；砂岩风化、崩塌
已完成的保护举措	政府累计投入70余万元，修筑了围墙、监控、钢构窟檐，清理了部分造像
未完成的保护举措	自2020年起，由国家重点文物保护专项资金出资247万元，对石刻进行全面保护
亟待完成的事项	尚未从岩石崩塌中清理的造像亟待抢救性发掘
乡民对石刻的需求	以民间信仰为主，初一、十五香客云集；人民热爱古代文化遗存、自觉保护意识日益提高
政府对石刻的开发规划	暂无规划

（五）开展数据分析

2018年1—12月，为第一次田野考察和数据收集阶段，对考察对象的基本情况进行了摸底。

2019年1—8月，为第二次田野考察和数据对比阶段，对考察对象进行深入细致的动态分析。

2019年9—12月，为数据汇总和分析阶段，通过分析得出研究结论。

数据分析图表：

重庆国保级石刻的空间分布

编号	石刻名称	地域
1	北山摩崖造像	渝西
2	宝顶山摩崖造像	渝西
3	白鹤梁题刻	渝中
4	潼南大佛寺摩崖造像	渝西
5	涞滩二佛寺摩崖造像	渝西
6	石门大佛寺摩崖造像	渝西
7	弹子石大佛寺摩崖造像	渝西
8	瞿塘峡摩崖石刻	渝东北

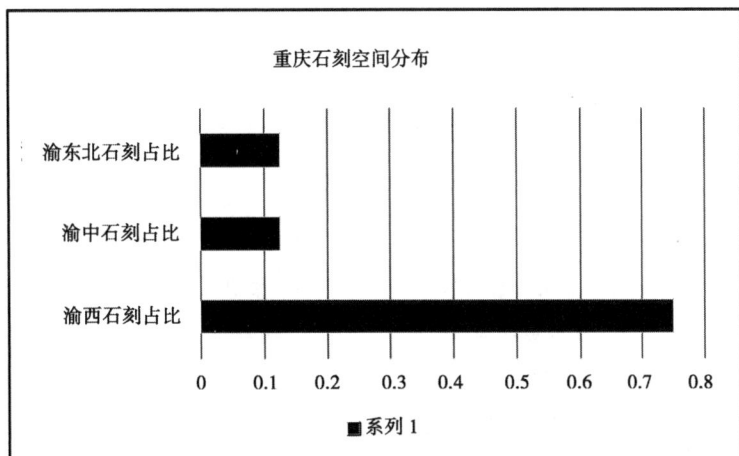

从以上数据可以得出结论，重庆石刻的空间分布呈现西重东轻的不平衡型集中分布，集中分布在重庆西部靠近四川安岳的几个区县。究其主要原因：重庆地区的大规模石刻开凿从唐代安史之乱后方始。由于北方战乱，大量工匠和民众随玄宗南迁经蜀入渝，带来了石刻技艺和石刻艺术的审美题材。重庆石刻的这一分布状况，符合历史史实。也说明，渝西五区县自古社会比较稳定、经济相对发达。这一空间分布特征，为重庆石刻的整体开发提供了地理可能，也从历史上证明了重庆石刻的整体价值。

大足石刻在重庆石刻中的地位

项目	重庆石刻	大足石刻	占比 /%
国保级石刻	8 项	2 项，5 处	25
造像规模	10 万余尊	5 万余尊	50
年接待游客人数	135 万人次	100 万人次	74

重庆各地石刻位置

项目	石刻名称	与大足宝顶山距离 /km
1	大足北山摩崖造像	17
2	潼南大佛寺摩崖造像	98
3	石门大佛寺摩崖造像	117
4	弹子石大佛寺摩崖造像	111

从以上数据可以看出：大足石刻群在规模和旅游开发方面居于重庆石刻的中心地位，其余国保级石刻大都分布在以大足为中心120 km的范围内，旅游半径在1.5 h车程内。从群体位置分布看，适合以大足为中心进行整体旅游打造和开发。

重庆石刻的开凿时间分布

编号	石刻名称	开凿年代	纬度位置 / (°)
1	潼南大佛寺摩崖造像	初唐及中唐	北纬30.18
2	北山摩崖造像	晚唐	北纬29.7
3	宝顶山摩崖造像	北宋、南宋	北纬29.7
4	弹子石大佛寺摩崖造像	元末明初	北纬29.5
5	石门大佛寺摩崖造像	南宋或明代	北纬29.3

从以上数据可以看出：重庆石刻的开凿时间分布呈现出由北往南次第发展的一条时间中轴。沿着这条时间轴，我们可以依次欣赏到从公元8世纪早期到公元18世纪的艺术珍宝，这是一条石刻艺术的时间长廊。究其原因：重庆的石刻艺术与北方石刻艺术一脉相承，唐安史之乱后，经济重心逐渐南移。当北方大规模石刻开凿因战乱而停止后，重庆成为中国晚期石刻艺术的发展中心。对这个数据分析说明，我们可以时间轴为线索，将重庆石刻打造为一条石刻艺术的时光长廊，作全域整体旅游开发。

重庆石刻的地理环境

编号	石刻名称	地理环境
1	北山摩崖造像	江边山崖
2	宝顶山摩崖造像	江边山崖
3	白鹤梁题刻	江中心
4	潼南大佛寺摩崖造像	临山崖
5	涞滩二佛寺摩崖造像	临山崖
6	石门大佛寺摩崖造像	临山崖
7	弹子石大佛寺摩崖造像	临山崖
8	瞿塘峡摩崖石刻	临山崖

从以上数据可以看出：重庆石刻多沿江开凿，呈现山水相依，以山造寺，以山为佛，多沿江大佛的格局。所在地自古皆为风水宝地，具备了自然与人文风光交融式旅游开发的条件。

重庆石刻的题材演变

编号	石刻名称	石刻题材特点	开凿年代
1	潼南大佛寺摩崖造像	北方早期密宗	初唐及中唐
2	北山摩崖造像	本土化、世俗化观音形象	晚唐及宋
3	宝顶山摩崖造像	世俗化故事与密宗兴盛	南宋
4	弹子石大佛寺摩崖造像	明教教义与弥勒崇拜	元末明初
5	石门大佛寺摩崖造像	世俗化观音与镇江崇拜	南宋或明代

从以上数据可以看出：重庆石刻以时间为中轴线，是一部中国石刻艺术的史书，从中可以得到各个历史时期的文化、思想、宗教、社会、经济、外来文化交流与影响的实物资料，也可以看到石刻艺术逐渐世俗化的完整演变过程。这是一部不可多得的、完整的中国晚期石刻艺术史书；是中国古代艺术史不可缺少的部分。

重庆石刻群落状况

编号	石刻名称	群落规模	群落形态
1	潼南石刻群落	石刻 59 处	沿江、沿山分布
2	合川石刻群落	石刻 10 处	沿江分布
3	大足石刻群落	75 处，5 万余尊	西南、西北、东北扇形分布，五山石刻群落
4	主城石刻群落	主城 272 处石刻群落	沿江分布，巴南最多
5	江津石刻群落	石刻 93 处	佛寺一体，散状分布

以上数据说明：重庆石刻在区域、县域上群落分布，而非点状单一分布，以时间与艺术史为轴，可以将它们连成一个有机的整体。

从这例子可以看出：通过混合科技教育的方法，可以让线上和线下科技教育有更良好的发展，这样的发展必然让孩子们能真正地学习到两者的知识重点，从而通过学习去推动研究中的实践技能。

综上所述，通过线上科技教育的学习优势，促进了传统教育的变革。在科技教学过程中引入在线科技教育的特色，已成为当下教育教学的新趋势，充分发挥线上科技教育和线下科技教育的优势。必须采用线上线下相融合的方式，从自主学习方式、研究学习方式、教学方式、教学手段、教学资源、教学评价等多维度进行研究和探索，才能进一步激发科技教育的活力，推动科技创新活动的动力，提升科技教育的教学效果。

参考文献：

［1］祝智庭，胡姣.技术赋能后疫情教育创变：线上线下融合教学新样态［J］.开放教育研究，2021，27（1）：13-23.

［2］杨海军，张慧萍，程鹏.新冠肺炎疫情期间高校在线教学探析［J］.中国多媒体与网络教学学报（上旬刊），2020（4）：194-196.

［3］付卫东，周洪宇.新冠肺炎疫情给我国在线教育带来的挑战及应对策略［J］.河北师范大学学报（教育科学版），2020，22（2）：14-18.

小学综合实践活动课程开发实施策略及建议

重庆市江北区教师进修学院 文德英

综合实践活动是从学生的真实生活和发展需要出发，从生活情境中发现问题，转化为活动主题，通过探究、服务、制作、体验等方式，培养学生综合素质的跨学科实践性课程。

综合实践活动课程的有效实施能着实提升学生综合素养和核心能力，课程极具开放性、自主性、整合性、连续性特点，长期习惯和适应分科教学的一线教师，如何尽快掌握并适应综合实践活动课程的自主开发和整合实施，对教师有较大的挑战。本文将从如何引领老师熟悉本门课程到后续开发整合课程实施，从现状困惑、具体策略和实例展示几方面进行分析，提出小学综合实践活动课程开发实施指导策略及建议。

一、模仿实践，初步了解

综合实践活动课程是由国家颁布全体师生共同参与实施的必修课程，虽然已经进入课程改革多年，但是因为现实等多种原因，广大一线教师对本门课程的理念和实施都比较陌生。因此，推进课程发展的第一步就是需要广大教师尽快了解和熟悉课程性质和具体实施路径。

现状困惑：教师不了解不熟悉综合实践活动课程。

具体策略：模仿精品活动入门，引发教师走进课程的兴趣，同时依托具体课例分析，讲解综合实践活动课程的性质、意义和实施路径建议等。

实例分析：都说"兴趣是最好的老师"，这对教师也不例外。只有让教师真正喜爱上综合实践活动课程，他们才会有持续开发实践课程的动力。对于刚开始教授综合实践活动课程的老师，不知如何选择活动主题时，可选用一些现成的，别人已经实践过，可操作实施的主题，让教师模仿别人的操作方法步骤，初步体验到综合实践活动课程开展的意义和乐趣，为后期教师持续跟进课程实践和主题开发奠定基础。

比如，江北区新村实验小学焦淑贤老师参照重庆版《综合实践活动》资源包开发的"记忆习惯和方法研究——最强大脑"这堂课，以符合学生年龄特点，活动设计层层递进获师生一致好评。整个课堂活动设计以3个挑战进行。第一个挑战活动，让学生在2 min内按照自己的方法快速记忆4个不同材料。

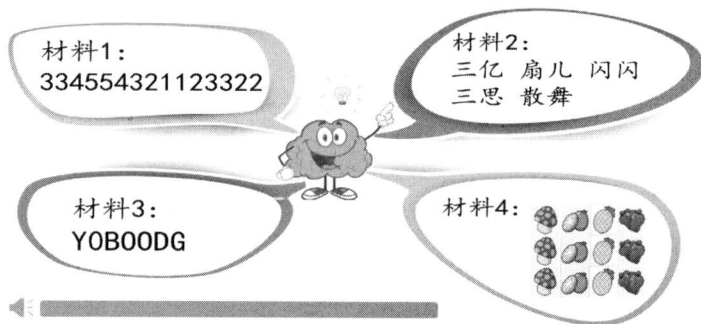

通过同伴交流和教师引导，学生发现记忆有法可循，关注到不少自己此前忽略的记忆方法。不同记忆规律和方法是他们自己发现并总结出来的，同时还学到同伴不少有趣的记忆方法：乐谱记忆、谐音记忆、自编故事记忆、联想记忆等。学生兴趣盎然，继续进入第二个挑战任务。

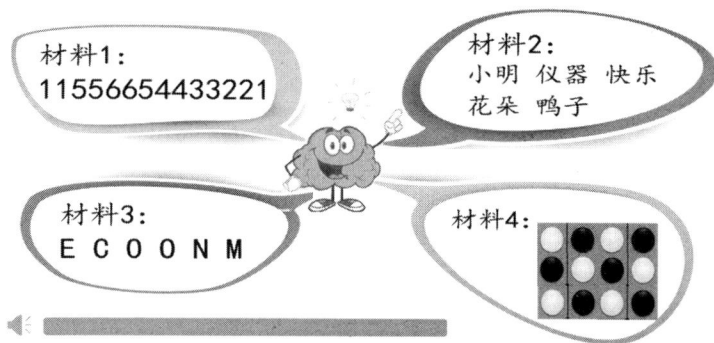

同样2 min时间，学生利用挑战活动一总结出来的方法，快速记忆这4组材料就要快得多，进一步加深了他们对记忆方法的理解和运用。自我探究规律并运用实践，学生尝试到其中的乐趣和成效，都认为自己已经掌握了记忆好方法了，此时又进入挑战活动三。

材料1：
59205313418675

材料2：
林 获 干 心
们 大 房

材料3：
D O H G L A

材料4：

挑战活动三的记忆材料一出现，学生就发现之前的记忆方法不管用了，怎么办？基于兴趣和挑战，激励着他们赶紧找寻适合自己的记忆方法。再一次交流互动，学生呈现出和之前不一样的感悟：记忆有法，但无定法。不管何时都需要自己积极主动思考找寻快速记忆方法，强化自己的记忆习惯和方法，并把这种思维方式带到日常生活学习中。

整堂课设计环环相扣，符合高年段学生年龄特点，直至下课铃响，学生们还沉浸其中，不愿下课。

这堂综合实践活动课设计精彩处还在于3次不同挑战任务后的记忆数量统计分析，让学生在趣味体验的同时，还能感受到科学证据的理性实践。

通过多次记忆数量统计，学生非常直观看到记忆得法后的识记结果比死记硬背效果要好很多，这样的实践不仅有趣，同时极具挑战，深受师生喜爱。

合作要求：

1. 组长在记录表上统计小组成员的记忆结果。
2. 组长组织并记录组员在记忆每个材料时的记忆方法。
3. 时间：2 min。

《最强大脑》记忆记录表
第＿＿小组

材料序号	材料类型	记忆方法	
		记忆信封1	记忆信封2
1	数字		
2	文字		
3	字母		
4	图像		

记忆信封	记忆信封1				记忆信封2				记忆信封3			
统计结果	记忆数量	1	2	3	4	1	2	3	4	1	2	3	4
	记忆人数												

通过这种优秀课例的模仿操作，教师们能初步感受到综合实践活动课程的价值意义和乐趣，我们再组织执教多人研讨的形式，让老师们充分发表自己的执教感受，依托具体的这个课例给老师进行课程性质、价值意义的实施方法的讲解引导，为大家后续深入开发和研究综合实践活动课程奠定基础。

二、主题选择，尝试开发

综合实践活动是面向学生真实生活的实践性课程，没有现成的教材，需要教师根据学生兴趣和年龄特点开发活动主题，这就要求教师有开发课程的能力。这门跨学科的实践性课程开发对于习惯和适应分科教学的一线教师来说，具有很大的挑战性。

现状困惑：教师不知如何选择活动主题；活动主题选择不适合此年段学生实践操作。

具体策略：开发主题充分考虑教师特长，学生基础和真实需求，主题范围小而深。

实例分析：通过模仿优秀课例，老师们开始走进综合实践活动课程，也尝试着在日常教学工作和班级管理中融入综合实践活动课程理念，并开发适合自己和孩子的实践课程。但在开发课程的过程中，总会经历陌生—挫折—改进—熟悉的过程。

以重庆版"综合实践活动"资源包"家乡的路和桥"主题活动为例，不少老师觉得重庆作为桥都，有必要让孩子们了解自己家乡桥的相关信息。于是就出现了桥的历史、桥的构造结构、造一座桥、桥的载重量、桥的名称了解等一系列孩子们想研究的问题。初次进入本课程，不少老师觉得需要充分尊重学生，既然孩子们提出了这些想研究的问题，那我们就开始研究了。但是综合实践活动课程教师的引导作用此时就需要发挥作用：孩子们提出的这些问题是适合他们研究的主题吗？如何引导孩子们学会从众多范围意义不一的问题中筛选出适合他们年龄段探究的有价值有意义的主题呢？

桥的构造结构，对于五年级的孩子来说，缺乏相应的数学、物理等知识基础，难度就较大，不太适合他们研究；造一座桥就更只能是纸上谈兵，深入不下去了，对学生思维能力培养意义不大；桥的名称研究就太简单了，网上一查就什么都知道了，完全不能提升学生核心素养和思维能力……

还有老师这样设计了《桥梁》一课：

《家乡的路与桥》第二课时——《架起心中的桥梁》教学设计。

教学目标定位：

①知识目标：初步了解桥梁的位置、形状结构、功能等方面的知识。

②过程与方法：通过对比观察、交流汇报、绘画制作，培养学生初步分析处理资料的能力，能从中有所发现，提出问题，培养学生团结协作的能力。

③情感与态度：培养学生关注生活，热爱家乡，建设家乡的情感。

教学重点：了解桥梁的位置、形状结构、功能、颜色等方面的知识。

教学难点：引导学生学会初步处理、分析资料，从中有所发现，提出问题。

分析以上目标定位，可以发现一堂课 40 min 的时间，要从桥的汽车通行量、桥梁命名、周边交通、形状结构与沉重、设计桥、交流、评价……全部体现出来，这样的综合实践活动课堂完全就只能是教师讲授，学生坐听的课堂，师生都不能在课堂上感受到能力提升和思维发展，老师越上越没劲，学生越听越无趣。

像这样过于宽泛的活动课堂设计，不管是动手实践还是思维培养，都是不可能达到效果的，所以作为 40 min 的实践课堂，一定要切口小而深，才能精准深入地实施下去。

相同桥的主题活动，江北区新村同创小学冉拉老师就开发了《家乡的路和桥——穿越长江》一课，以任务驱动的方式，让孩子思考：冉老师家在南岸，要去重庆大剧院看演出，原本直线 2 km 的路程因为公路和大桥堵车，耽误了看演出，请同学们帮忙出主意，怎样解决顺利穿越长江的问题。于是孩子们饶有兴趣地帮老师想办法：轮渡、修桥、索道、地下隧道……结合现实情境，还需要考虑经济成本，已有交通工具等因素，逐一分析每种穿越长江建议的利弊，其中有多学科融合：数学计算；社会大环境关注：已有了长江索道、朝天门长江大桥、东水门长江大桥、千厮门嘉陵江大桥；地下隧道的地形成本等，最后孩子们一致认为建个轮渡是最可行的，虽然一年中会有一段时间因洪水而影响交通，但却是最经济、高效也最具桥都特点的方案。

这样的活动设计因为切口小，更利于学生深入思考，并融合多学科整合，同时基于真实情境下的任务驱动，可行性和实效性都大大提升。

三、实践操作，思维导向

不少老师认为：综合实践活动既然强调动手实践，那学生活动过程中动动手，最后有成果就行了。一味地只强调动手操作，忽略了综合实践活动生成性和持续性，就容易变成纯手工制作课，弱化对活动的反思改进和过程性评价。

现状困惑：过于关注动手实践和最后成果，忽略过程性评价和思维发展。

具体策略：强化过程性评价，以问题带动学生思维发展。

实例分析：江北区玉带山小学余书老师依托重庆版六年级"综合实践活动"资源包设计了"打开创意的大门"一课，因为主题切口小而深，所以很好地体现了教师引领学生在活动过程中思维的发展。

整堂课由 3 个活动组成：

活动一：牛刀小试（联想添画尝试创意）。教师提问：

①一个长尾夹能让你能想到什么？

②初级挑战：长尾夹添画创作。③学生展示创意，提炼联想思维方法（形状、局部、整体）（设计意图：利用添画的方法，初步创意尝试，让学生掌握基础的

创意思维方法，帮助学生总结用到的思维方法）。

活动二：他山之石（分享方法品鉴创意）。

①高级挑战：组长打开文件夹，请选择你们认为最有创意的照片，在小组里面交流。

a. 它想表达什么？

b. 是怎样进行创意的？

②小组交流汇报，提炼创意案例中的创意思维方法（颜色、组合、放大缩小、主题创意）（设计意图：通过欣赏更多的创意案例作品，培养小组合作交流意识，碰撞更多的创意思维方法来打开创意的大门）。

活动三：大显身手（小组合作深度创意）。

①超级挑战：主角还是长尾夹，你能根据要求进行创作吗？

②组长随机抽取一个任务卡，小组同学合作完成创意作品（设计意图：通过前两个活动，学生已经了解了一定的创意思维方法，随机抽取任务卡后，小组合作根据主题进行创作，在创作的过程中可以用到之前总结的创意思维方法去创作，也有可能激发出更多创意小点子）。

这样的问题引领课堂，学生的思维在不断被挑战激发，最后呈现出老师意想不到的各类长尾夹造型，孩子们的创新思维得到充分体现。

在最后的评价反思环节，余老师不仅引导孩子们关注成果呈现，更强调学生对思维过程的描述以及同伴间相互学会欣赏，学会评价，互相激发更多的创意思维方法，强化过程性评价。

在众多实践活动中，我们不仅强调成果呈现，更重视对实践活动过程性评价的互评和他评，以下是部分老师设计的过程性评价量表。

长期进行这样的过程性评价会引导教师在开发和实施活动过程中更关注学生思维发展，提升学生的综合素养。

以上就是对目前小学综合实践活动课程开发和实施的一些现状分析及解决策略，这门原本就开放自主的课程，除了给一些范例模仿推进外，更多地需要教师将课程整合的理念和方法运用到现有课程和常规活动中去改进和深入，真正落实综合实践活动课程的价值。

第四部分　学生论文

创新交通标志书写方式，提高国民的交通安全知识普及

2015 级 4 班　　胡桢黎

【摘要】交通标志不仅是减少交通延误的重要交通设施，而且对行车安全有着重要的辅助作用。文章在研究了交通标志改进的必要性和意义的基础上，以对交通标志中禁令标志及指示标志的相关改进设想为例，重点阐述了创新交通标志书写方式的方法及意义，以期为提高国民的交通安全知识普及做出贡献。

【关键词】交通标志；创新；交通安全

一、引言

交通标志对道路交通安全行驶具有重要作用，一方面由于交通标志由文字及图标等形式构成，可客观地向道路使用者及驾驶员传递正确的道路网络实际情况，帮助道路使用者及驾驶员合理利用道路网络；另一方面，由于交通标志在道路网络中能起到保障的作用，也使道路行驶安全指数提升，保障了人民群众日常出行的安全。根据交通部《国家高速公路网规划》，到 2020 年我国高速公路已达到 8.2 万 km，同样，随着城市人口的增加，社会经济的发展，城市内路网也会相应地进行加密，这些现状都会促使现今的交通标志设置变得越来越复杂，随之而来的是当许多高速公路落成后，针对交通标志设置中存在的问题，还会进行大幅度地调整和改造，这无疑会给道路建设增添不必要的资金投入。同时，由此而引发的交通安全事故也将造成不良的社会影响，而造成以上这些问题的实质在于，应对现行交通标志的设计及设置进行科学合理的改造与创新，因此，本文旨在通过创新交通标志书写方式，有效避免交通标志投入二次经费，造成资源不必要的浪费的同时，通过提高国民的交通安全知识普及力度，从而而提升交通标志的经济及社会效益。

二、交通标识改进的必要性和意义

交通标识是道路系统中重要的组成部分，其设计是随着运输业的发展而不断完善。纵观目前国内交通标志的发展仍存在一些突出问题，对交通标志书写

方式的创新，可以极大地提升交通标志的使用意义，助力城市道路交通畅通出行，提升交通行驶安全，因此，对交通标识的改进，可以规避交通标志排版不合理现象，在交通导视系统中，道路使用者及驾驶员都需要一个简明，正确的导视牌，通过给交通标志中添加合理的文字及适宜道路使用者及驾驶员识别的文字，一方面可使驾驶员在行驶过程中能将视觉放在交通标志的重点内容上，为驾驶员提供正确的导视内容，另一方面可增加道路使用者对交通标志中内容的识别，尤其对于一些年龄偏小的人员，可提升这些人员对交通标志的认知程度。

三、交通标识改进的相关设想

（一）对交通标识中禁令标志改进的相关设想

视知觉是眼睛选择、组织和解释感觉刺激，使之成为一个有意义的和连贯的现实映像的过程，因此，道路使用者及驾驶员对交通标志的认知是一个视觉认知及视觉接受相统一的过程。在该识别过程中，视觉主体会受到来自经验、知识、情绪及环境因素干扰等多方面的影响，而这些影响因素，最终都能左右视觉主体对所看物体的视觉接受程度及认知的正确性。因此，在创新交通标志书写方式中，正是基于对交通标志书写的创新来达到助力于道路使用者及驾驶员对交通标志认知水平的提升，从而使交通标志能在适应道路变化及个人需求的同时，提升对国民交通安全知识的普及力度，也为交通安全出行做出贡献。因此，如下图所示，在对交通标识中禁令标志改进的相关设想中，笔者选取了一些常见的禁令标志，并将对其书写方式的改进效果图展示如下。

通过上图的展示，当驾驶员在道路情况较为复杂的城市路网中行驶时，能够快速地从道路两旁的干扰信息，如广告牌信息、建筑信息、周围树木环境信息中迅速获取到自身所需要的交通导视牌信息，如通过在相对应交通标志中添加"干道先行""会车先行""会车让行""双向通行""禁止驶入""禁止通行"及"潮汐车道"等文字标注信息后，可以使驾驶员在城市路网的众多干扰信息中快速进行信息提取，汉字形式的标注也可使驾驶员摒弃多种干扰信息对大脑视觉系统的刺激，做出正确的驾驶行为，充分发挥出交通标志引导交通安全行为的作用。

（二）对交通标识中指示标志改进的相关设想

针对交通标识中指示标志书写方式的创新，笔者做出了以下改进设想，不同于交通标识中的禁令标志，以上对交通标识中指示标志改进的设想效果图，在一定程度上可使驾驶员在看到这些交通标志后，将视觉从外部信息干扰中进行剥离，能将视觉注意力重心放在这些交通标志上，并随着行车移动，将这些标志牌中的文字信息进行提取，转入大脑中进行处理，使得驾驶员能快速根据文字信息指导，作出及时正确的反应，促进驾驶员在路网中安全行驶，从而减少道路安全事故的发生概率。

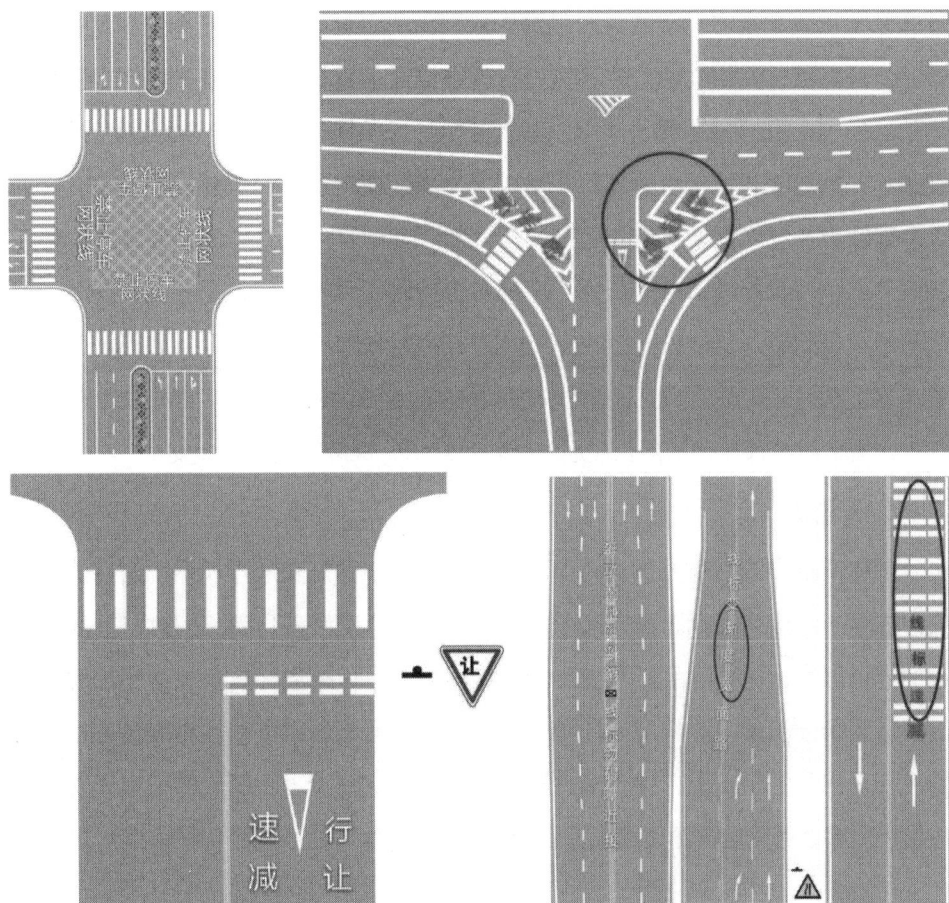

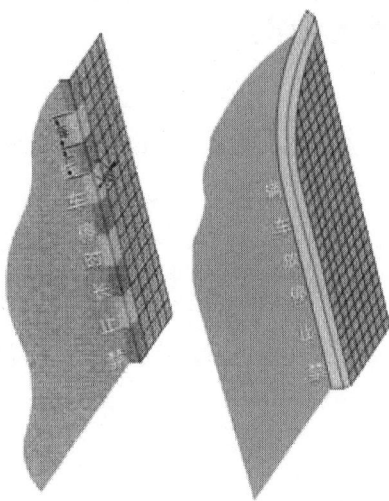

以上图红圈中所标注出的汉字为例，如"导流线""减速让行""路面宽度渐变标线""减速标线""接近障碍物标线""禁止停放车辆"及"禁止长时停车线"等，根据视知觉整体性组织原则可知，人体视觉首先关注的是文字外部轮廓，当外部轮廓无法识别时，才会关注到内部形式。因此，通过创新交通标志中指示标志的书写，将文字添加进这些道理标志中，便于驾驶员第一时间

对这些视觉获取到的文字外部轮廓进行识别，从而可优化排除差异化信息及干扰信息，另外通过添加文字信息，也符合驾驶员对信息辨别的期望，可使驾驶员在行驶过程中产生愉悦的驾驶体验，以缓解驾驶员在信息识别中产生的紧张及慌乱情绪。尤其对于驾驶新手而言，此举可大大降低道路交通安全事故的发生，帮助新手驾驶员快速对交通标志进行认知，使新手驾驶员能在道路复杂情况中，快速获取信息，减缓驾驶员内心压力，同样对于道路使用者而言，无形中也会增加这些使用人员的道路交通安全意识，尤其对一些特殊道路交通环境，如受天气状况影响的路面交通环境及学校附近的交通线路等，通过为交通标志中添加文字信息，有效让道路使用者提升了自我交通安全防范意识，保障了民众生命安全。

四、结语

创新交通标志书写方式，为交通标志中添加字体是交通导视系统信息传递的核心要素。由于交通标志面向对象为全国驾驶员及道路使用者。因此，在创新交通标志过程中，需要满足所有道路使用者的需求。为交通标志添加文字注解时，需要做到精准清晰，能将交通指导含义快速地传递给所有道路使用人员，在提升国民安全出行的基础上，提升国民对交通标志的认知水平，降低道路交通安全事故发生概率，保障全体国民的生命安全不受侵犯。

参考文献：

［1］梅利芳.高速公路交通标志设置研究［J］.交通企业管理.2007，22（10）：47-48.

［2］任锐，李文权.路侧交通标志设置数量及位置研究［J］.公路交通科技，2006，23（11）：111-115.

（第34届重庆市青少年科技创新大赛研究论文一等奖，指导教师：杨瑶）

基于物联网的智能输液控制器研究

2016 级 9 班　张艺涵　2015 级 1 班　向泓羽

一、问题的提出

有一次，妹妹生病后到医院输液，我发现，在输液时，我们必须时刻关注输液情况，一点都不能大意，增加了家人的负担；如果是患者一人输液，在输液过程中要自己盯着，一点都不能休息，增加了患者的负担。同时也发现由于医院的患者比较多，护士换药水、取针管总是忙不过来，工作量非常大。于是就产生了一个想法：能不能设计一个能自动监测输液状况，自动换水，输完后自动止液，随时将输液状况传递给护士的智能输液控制器。于是，针对这些现象，利用现有的物联网技术以及机器人编程基础，发明了基于物联网的智能输液控制器。

二、初步设想

①当第一袋药液输完后，能自动切换到第二袋药液，输完后能自动止液。

②通过物联网全程监测输液状态，如果输液速度过快或过慢，能远程控制输液状态。

③在冬天，当室内温度较低时，能自动对药液进行加温。

三、市场调查

（一）现有设备调查

通过调查，市面上没有同时具备自动换水、输液提醒功能和加温功能的控制器，能实现输液提醒的主要有以下两种：

1. 多声音输液提醒器

多声音输液提醒器（图 1）能实现输液体中断时，通过蜂鸣器发出声音进行提醒，价格便宜，但是功能单一，只具有提醒功能，并且蜂鸣器的声音较小。

2. 蓝牙输液提醒器

蓝牙输液提醒器（图 2）当发生输液体中断时，能实现蜂鸣器提醒和手机 App 报警提醒，同时实现断流。缺点是：蜂鸣器声音较小，价格昂贵。

图1

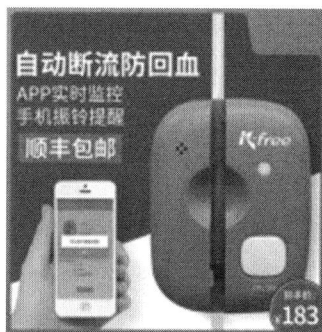
图2

能进行输液加温的主要有以下 3 种。

1. 一次性输液加温袋

一次性输液加温袋（图3）类似于暖宝宝加热方式，将输液管缠绕在加温袋上，对药液进行加温。其缺点是：容易产生高温，使用后残存物污染环境。

2. 输液加温器

输液加温器（图4）能实现恒温加热，温度为 25～35 ℃。缺点为直流电源供电，使用时必须有电源，存在用电安全隐患，并且多人使用时线路凌乱。

3. 智能输液加温器

智能输液加温器（图5）优点是能自由设置加温温度，屏幕实时显示温度，支持充电宝供电。缺点是价格昂贵。

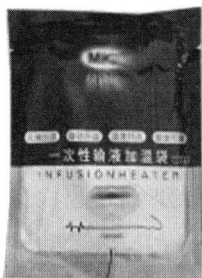
图3

加长电缆
1.9 m 电线长度满足使用需求
图4

图5

（二）问卷调查

通过问卷分析，在输液过程中，如果能实现自动换水的功能，就能有效地减轻家人和患者的负担，也能减轻护士的工作压力和工作量。从静脉输液的专业角度来看，除有配伍禁忌的药液外，药液不会发生相互作用，也不会影响药效。在冬天，为了给患者更好的用药效果，给药液加温是非常有必要的。

四、功能实现

1. 自动换水、自动止液

我们将1号、2号非接触式液位传感器按药液的先后顺序分别贴在输液袋的最下方（图6）。

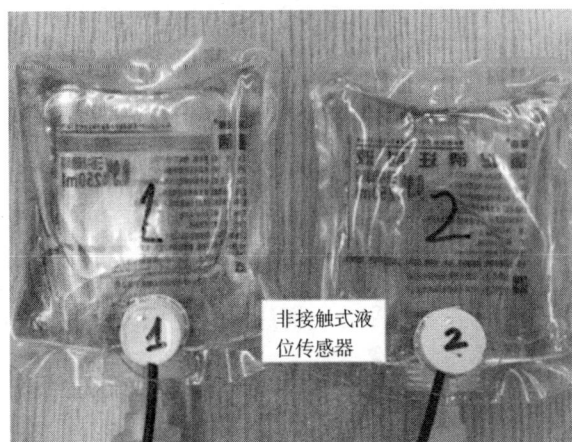

图6

当1号传感器检测到1号输液袋没有液体时，延时30 s，启动1号电机，打开2号输液袋的开关，将输液开关从常闭状态切换到常开状态，实现了药水的自动切换。同时向手机和物联网平台发送语音：第一袋输液完毕。这里延时30 s，是为预防第一袋药液和第二袋药液混合在一起，造成药液污染，发生化学反应。

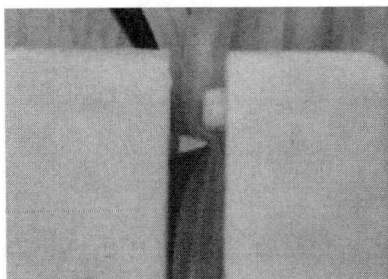
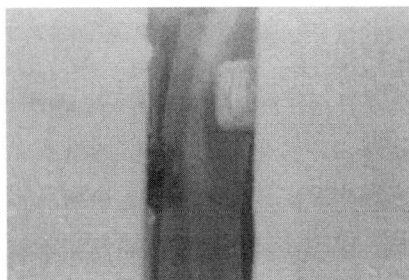

图7 常闭状态   图8 常开状态

当 2 号传感器检测到 2 号输液袋没有液体时，启动 2 号直流电机，将输液开关从常开状态切换到常闭状态，实现输液完毕后自动止液。同时向手机和物联网平台发送语音：第二袋输液完毕，请前往拔针。

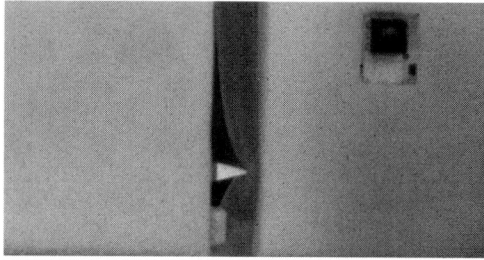

图 9　常闭状态

如果还有第 3 袋药水，只需手动将 1 号传感器贴在 3 号袋上，当然也可以选择使用有 3 个传感器的智能控制器。

2. 实时监测、远程控制

当启动设备后，通过控制器的 Wi-Fi 模块将输液的状态、输液时间，输液时的室内温度实时地上传到物联网平台，通过物联网平台，手机 App，可以实时查看输液的各种数据。在输液过程中，如果发生异常，可以通过手机 App 或物联网平台远程控制输液开关，同时发送语音：输液异常，请前往处置，以防止意外的发生。

图 10　物联网控制平台

3. 自动加温

冬天在给患者进行输液时，由于温度较低，常常导致病人四肢发冷，甚至麻木、疼痛，严重时会出现血管痉挛等症状。当环境温度低于 20 ℃时，智能控制器会自动对液体进行加温，加热指示灯亮，从而提高输液舒适感。

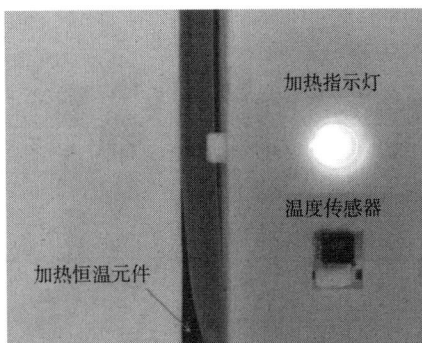

图11

五、创新点

①实现多袋药液的自动换水、输完后自动止液。

②通过手机 App、物联网实现输液过程的实时监测、远程控制。

③在冬天室内温度较低时，能自动对液体加温。

六、适用范围

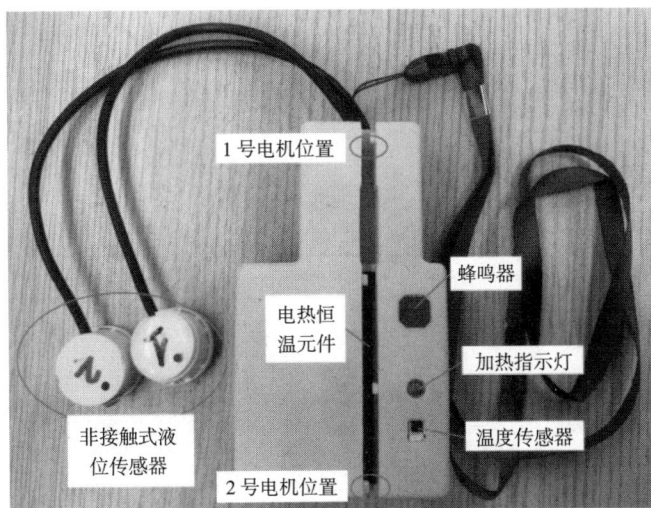

图12

本控制器利用已有的物联网平台进行数据监控，成本低，不但适用于个人，也同样适用于诊所、医院，在用于诊所和医院时，要对所有的控制器进行统一的

119

管理，同时对接诊所、医院护士站的呼叫系统和显示屏。如果对接诊所、医院护士站的呼叫系统和显示屏，只需要给呼叫系统和显示屏分别发送语音信息和文字信息。

七、改进设想

①由于检测液体的传感器体积过大，导致设计的外观不够美观，争取能找到一种体积较小能直接检测通过输液管药液的光电传感器。

②争取将控制器的主机和传感器都集成在较小的控制板上，这样就能大大减小控制器的尺寸，更加方便使用。

总之，我们设计的基于物联网的智能输液监测控制器还有很多不足，还需要在实践的过程中不断地改进和完善。

（第 35 届重庆市青少年科技创新大赛创新发明一等奖，指导教师：张俊锋）

公交运行效率的研究与创新

2015 级 1 班　龚奥栩　2016 级 9 班　张艺涵

【摘要】公交车是公共交通的重要形式之一，同时也是地面交通的重要组成部分，文章在研究了公交运行效率的必要性和意义的基础上，以对公交站台优化、候车习惯、标志补充、线路优化的相关改进设想为例，重点阐述了提高公交运行效率的方法及意义，希望对改善公共出行、促进国民公共出行、实现节能环保做出贡献。

【关键词】公交车　创新　公共出行

一、引言

"公交"是公共交通的简称，公交车是最为普遍的一种大众运输工具，具有重要作用。一方面，公交车运载力强、价格低廉，是普通市民最常用的出行方式，其具有固定的线路，相对固定的班次时刻，满足人们上下班、上下学等生产生活所需；另一方面，公交车减少了私家车使用频率，随着私家车的使用减少，势必缓解交通拥堵、停车难、碳排放等社会问题。随着城市化进程的加快，人口大量聚集，人们的出行需求也在不断提高，从以前的有车坐，到"最后一公里"的出行便利，再到出行快捷。目前，推行"公交专用道"后，上下班高峰期公交车效率得到了明显提高，但是公交车仍然存在线路长、站点多、行程时间长等问题，导致上下班高峰期为了快速到达单位或学校，很多人还是会选择私家车出行，进而导致高峰期时车辆拥堵、停车位紧缺等社会问题不断加剧，很多城市现在都采取了车辆限行、摇号买车等措施控制机动车的剧增，但是"只堵不疏"的方式不能从根本上解决问题，只有不断提高公共出行效率，满足人们日益增长的出行需求，才能从根本上解决问题。因此，本文旨在通过创新候车习惯、优化站台、补充标识、优化线路等方式，在现有基础上尽量减少投入，提高公交运行效率，吸引人们首选公共出行，减少交通拥堵，实现节能减排。

二、公交效率提高的必要性和意义

公交车是公共交通的重要组成部分，其运行方式也随着社会的发展而不断完善。在日常生活中，不难看到公交车运行中存在诸多问题，主要集中在上下班高峰期，如：公交站大摆长龙、公交进站难、停站时间长、公交站点即是堵车点、公交线路长运行慢等问题。打造快捷便利的公交系统，已是当前普通市民的一大出行需求。

因此，对公交运行效率的创新，可以极大地提高公共出行的效率，减少私家车使用率，助力城市道路交通顺畅，满足人们出行新需求。对公交运行效率的改进，可以减少公交运行过程中的"致缓"因素，提高其运行效率，缩短行程时间，使公共出行不仅价格低廉，而且便利快捷，引导人们"弃私用公"，打造绿色出行方式。

三、提高公交运行效率的相关设想

（一）对公交停站方式及标识补充的相关设想

每天上下学的时候，正是交通高峰期，如笔者龚奥栩家附近的"石门齐祥灯饰"站就是一个大站，这里有 15 条公交线路停靠。经过观察，她发现在高峰期的时候，公交停站存在 3 个问题：一是公交多次停靠，影响站台运行效率。大站的公交站台比较长，可同时停靠五六辆公交车，公交车往往喜欢多次停靠，造成后续进站公交积压、排成长龙，进而影响了其他社会车辆，造成交通拥堵。二是乘客买票过程影响上车速度。目前公交车有 3 种售票方式：投币、刷公交卡、扫二维码。很多乘客在上车前尚未做好购票准备，上车后才慢慢掏出公交卡（零钱）、调试出二维码买票，大大影响了上车速度，延长了公交停站时间。20 个小学生参加了刷卡习惯实验。第一种情况（图 1）：做好准备直接刷卡，共用时 31.46 s，约为 1.57 s／人；第二种情况（图 2、图 3）：上车后再掏出公交卡刷卡用时 1 分 8.36 秒，约为 3.42 s／人。后者是前者的 2.18 倍。三是站台前方难以辨识后方公交车线路标识（图 4）。目前公交车的线路标识位于正前方和右侧方，当人们在站台出站位置候车时，很难辨识后面车辆线路牌。

图1　上车前准备好公交卡

图2　上车前不准备好公交卡

图3　上车掏出公交卡刷卡

图4　公交线路牌位于正前方和右侧方

因此，为了解决以上问题，提出如下设想：

（1）规定公交车只能停站一次

改变现有候车习惯，变成"人找车"模式，一旦规定只能停站一次后，人们就会主动关注自己需要乘坐线路的停站情况，而不是站着不动，等公交车反复停靠。改变方式期间可以通过公交语音报站系统、站台文字告示、社区宣讲等方式进行地毯式宣传，逐步让乘车人适应新的公交停站方式。

（2）建立前置刷卡式站台

针对一些公交大站，修建封闭式候车站，刷卡进入，车辆停靠后直接上车，不用上车再刷卡，避免上车时的人员积压。不用刷卡直接上车，可大大提高上车速度、缩短停站时间。同时，封闭式站台还具有诸多优点：雨天时，人们会提前收好雨伞，不用边上车边收伞，提高上车速度；可安装空调、座椅等设备，在酷暑时，提高候车舒适感。

（3）在右后视镜上喷涂线路

如图5所示，当人们在公交出站位置候车时，视角所视范围不能看见公交车前方及右侧的线路牌，而能清晰看见右后视镜。在右后视镜上喷涂上线路，站在出站位置的候车人可以很容易发现需乘坐的公交车停站情况，从而快速上车。这样即便规定只停站一次，也不会影响出站位置候车人的辨识度。

图5　在公交出站位置，后方车辆的右后视镜清晰可见

（二）对公交线路运行优化的相关设想

如图6、图7所示，很多公交线路很长。如148路（毛线沟—大龙山公园）共计27站，途经九龙坡区、渝中区、沙坪坝区、江北区、渝北区5个区；231路（奥体车市—水晶郦城）共计27站，途经渝中区、沙坪坝区、江北区、渝北区4个区，

按每个站停靠 1 min 计算，公交从起点到终点，光停站时间最少就有 27 分钟，而高峰期停站时间往往不只 1 min。

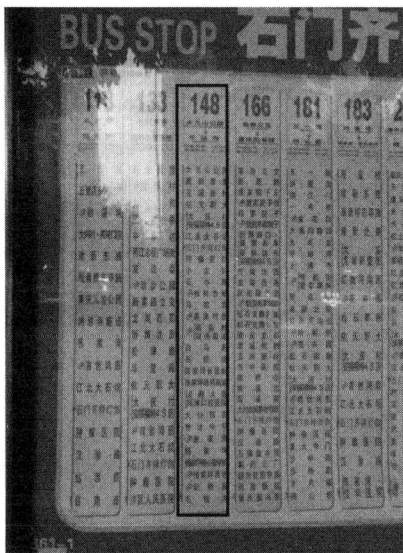

图6 148 路站点情况

图7 231 路站点情况

为此，笔者提出如下设想：

建立大站车和普通车相结合的公交运行方式，有效缩短行程时间。运行长的公交线路拿出 1/4 的车辆作为"大站车"进行运行，"大站车"和"普通车"的起点、终点、运行线路一样，只是停靠站点有所区别，"大站车"只停靠一些重要换乘站点，然后利用"一小时免费换乘"与普通车或其他线路公交车进行换乘，这样"大站车"在运行过程中减少了停靠站点，有效缩短行程时间，运行速度更快，同时又减少了多数公交站台的吞吐量，提高了公交站台运行效率，可以极大地提高人们公共出行的效率。大站车可在线路前加上"D"字样与该线路的普通车进行区分，如 148 线路可以设计为"D148"和 148，公交站台的线路图在"大站车"停靠的站点后方加上"D"字样，便于人们识别。同时"大站车"可适当提高一定幅度的车费，以弥补客源减少的运行成本。

四、调查研究

通过问卷调查的方式，进行调查研究，本次共采集调查问卷 182 份（调查问卷详见附件）。

根据调查情况进行数据分析，结果如图 8 所示。

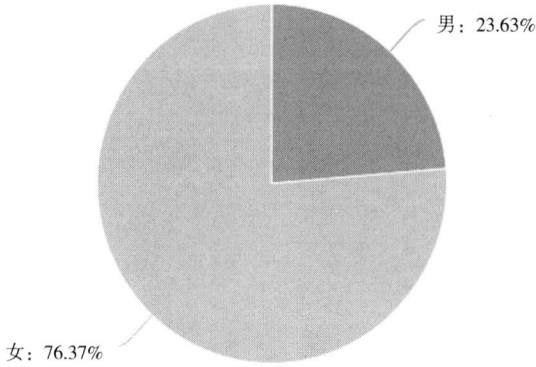

男：23.63%

女：76.37%

（a）参与调查的性别比例

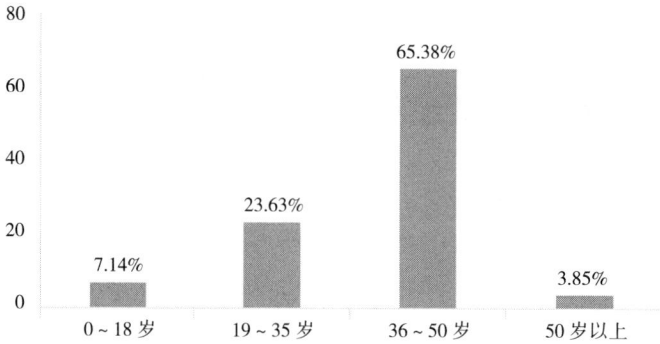

65.38%

23.63%

7.14%

3.85%

0 ~ 18 岁   19 ~ 35 岁   36 ~ 50 岁   50 岁以上

（b）年龄构成

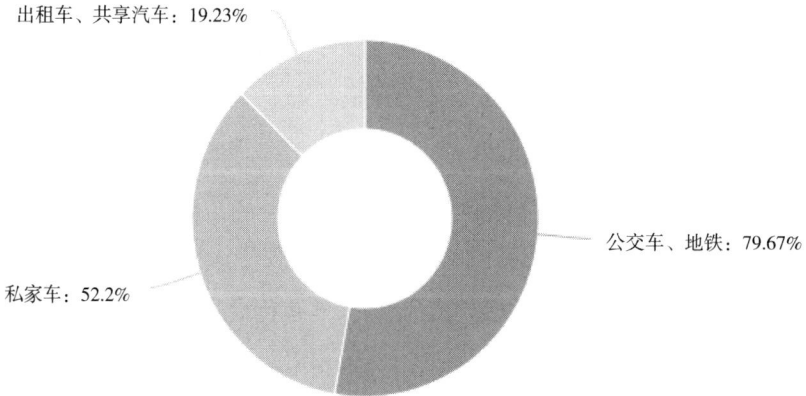

出租车、共享汽车：19.23%

公交车、地铁：79.67%

私家车：52.2%

（c）出行方式

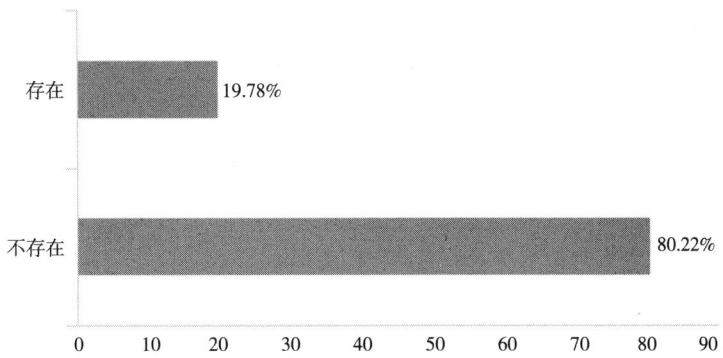

（d）公交车赖站情况

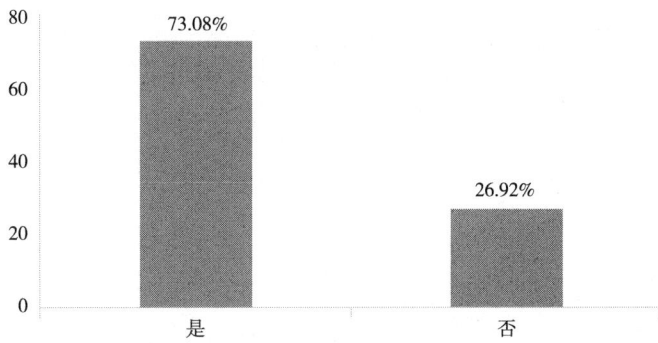

（e）公交车多次停靠影响运行效率

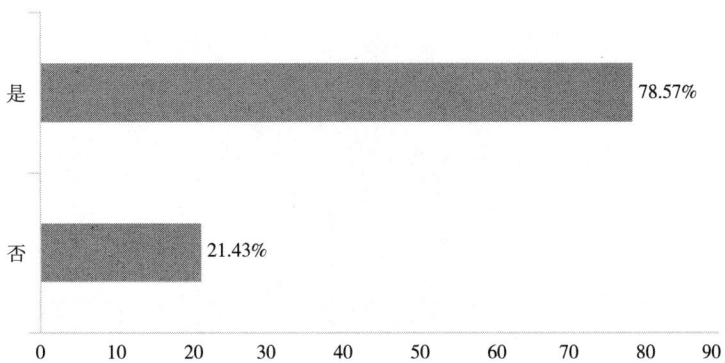

（f）上车后再取出公交卡打卡之类的行为延长公交停站时间

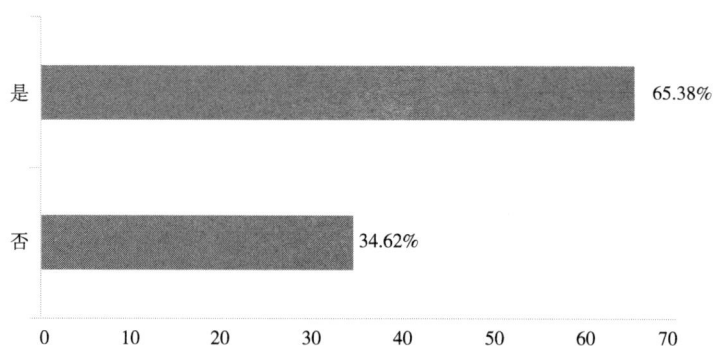

（g）公交线路太长，每站停靠，延长了运行时间

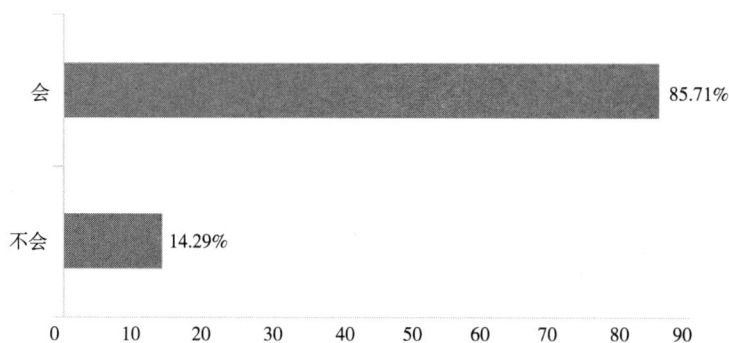

（h）是否会选择大站公交

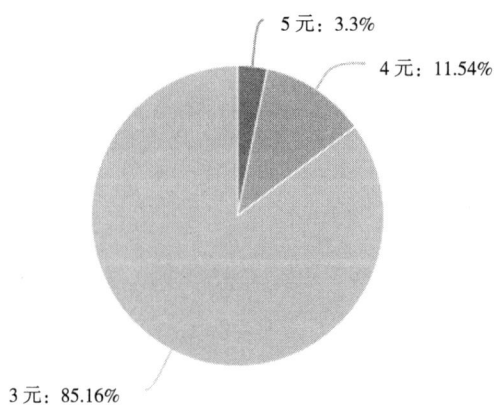

（i）大站公交票价设定

图8

通过对调查问卷的分析，可以看出：

①公交车、地铁等公共出行方式是人们出行的首选。

②公交车虽然主动赖站的情况不明显，但在同一公交站多次停靠确实延长了停站时间。

③上车后再取出公交卡进行刷卡等行为延长了停站时间。

④线路很长的公交线路，如每站都停靠，延长了公交运行时间。

⑤人们普遍愿意选择大站公交以提高公交运行效率，并愿意接受适当提高公交票价。

五、结语

公交车目前仍然是人们出行的重要方式之一，要使人们优先公共出行，减少碳排放，缓解交通拥堵，必须不断提高公共出行效率，以满足人们不断增长的出行要求。因此，在提高公交出行效率时，必须充分考虑运行中的各个环节并予以优化，通过对公交站台进行改进、改变候车习惯、补充线路标志、优化线路运行的研究与创新，公交运行效率将得到进一步提高，实现便捷而又廉价的出行方式，人们才会更加愿意选择公共出行，从而实现节能减排。

（第35届重庆市青少年科技创新大赛研究论文三等奖，指导教师：张俊锋）

复合型恶臭气体治理技术应用实验

2016 级 9 班　吴煜涵

【摘要】很多污水池和工业废水池没有密闭，水中的硫化氢等恶臭气体挥发到空气中，产生恶臭气味，影响人们的生产生活。本课题总结了恶臭气体的组成以及测定方法，通过查阅资料，掌握了各种治理技术的优缺点，认真分析后形成了复合型恶臭气体治理技术。这项技术包括进水管优化、亲水表面隔绝和余气净化 3 个方面。对净化装置进行了设计与制作，在 72 号气田水池开展了实验。并在实验前后对池内和环境空气进行了测试，对比测试数据发现实验后硫化氢含量下降了 97% 以上，治理技术效果特别好，对各种恶臭气体治理有很好的参考意义。

【关键词】气田水；恶臭；硫化氢；实验

引言

随着人民生活水平的提高，生活污水和工业废水的产生量也越来越大。资料表明，城市中每人每天要产生污水 150 L 以上。我国城市规模大，人口多，如重庆市 2018 年主城区面积拓展到 808 平方千米，常住人口达到 875 万，生活污水产生量惊人。此外，重庆市也是工业集中的地区，西南铝业、紫光化工等位于重庆市的大公司，排放的工业废气、废水都对环境产生了不好的影响。

2018 年，全重庆市共有各类污水处理厂 117 家，多数水池并未密闭。由于水体中的硫化氢、氨气等气体因为温度与压力变化、水体流动等因素挥发到空气中，产生恶臭气味，影响人们的生产生活。随着大家的环保意识的提高，水池周边的人们对恶臭气体的投诉越来越多，有必要对各类水池恶臭气体进行治理，让大家过上环境优美、空气清新的幸福生活。

1　资料调研

根据网上查询到的空气监测报告了解了恶臭气体的来源与组成。在中国知网上查阅了成熟的恶臭气体治理技术的优缺点与适用性等，还调研了气田水的恶臭气体情况。

1.1 恶臭物质与特性

1.1.1 恶臭物质

自然界中产生恶臭气味的物质很多，我们能够感觉到的恶臭物质有 4 000 多种，按化学成分分为含硫化合物、含氮化合物、卤素及其衍生物等五类。

1.1.2 恶臭特性

各类水池的挥发性气体都具有共同的恶臭特征，一是臭阈值普遍很低，如硫化氢臭阈值为 0.000 47ppm，极低浓度的臭气物质也可使人不快。二是评价和治理困难，即使将恶臭物质去除了 90%，人的感觉也认为只去了一半。

1.2 恶臭的测定

由于恶臭气味是一种感官体验，不是严格规定的科学特性，因此测定比较困难，主要有科学仪器测定法和感官测定法。

1.2.1 仪器测定法

传统的测量方法，主要用于测量单一恶臭物质，如硫化氢、甲苯等。

1.2.2 嗅觉测定法

传统仪器能测定单一恶臭气体浓度，但不能反映恶臭气体对人的综合影响。为此，人们引进了嗅觉测定法，通过人的嗅觉感官对恶臭气体的反应来进行恶臭气味的测定与评价。

1.3 恶臭气体治理技术

国外早在 20 世纪 50 年代末便开始了恶臭气体污染治理的研究，并积累了丰富的理论知识和实践经验。我国 20 世纪 80 年代才开展恶臭气体污染的调查、测试和标准方面的研究，而治理技术则是 90 年代才开始进行，相对国外治理技术很落后。

目前我国处理恶臭气体比较成熟的方法有物理法、化学法、生物法、联合法等。各种治理技术都具有一定的优势，但也有其局限性。部分治理技术投资少，但效果不理想。治理效果较好的技术往往需要高额的投资，制约其在各类水池中的推广应用。

1.4 气田水池的恶臭现状

在天然气开采过程中，地层水会随着天然气进入地面，成为气田水。这些气田水污水夹带气体较多，污水池区域臭味特别大，鸟类经常在池上中毒死亡，存在极大的安全、环保隐患。水中含有硫化氢、有机硫、胺等物质，挥发出来后产生恶臭气体，有害于人体健康。

2　方案设计

我们选择了天然气公司的 72 号气田水池为治理范围，以其中水体产生的恶臭气体为治理对象。通过实验前的监测报告可知，其恶臭气污染体的主要特征污染物为硫化氢，具有臭鸡蛋气味，为典型的气田水池水体恶臭，代表性强。

2.1　实验范围与对象

72 号气田水池为多个气田水集中回注的前处理池，池体由 3 个相同尺寸的小水池构成，每个小水池表面积为 20 m^2，深 2.5 m，3 个小池的总容积为 150 m^3。水池没有完全密闭。在密封盖设置了一根 12 米高的 DN150 立管，用来排出水池中产生的气体，防止水池压力高不安全。夏季时环境空气中硫化氢含量高达 0.237 mg/m^3，确有必要采取治理措施实现真正意义上的除臭。

2.2　现有技术评价

根据气田水恶臭的特征污染物及其特征，目前有 3 种较适合的技术，燃烧法、碱洗法和隔绝法。燃烧法即恶臭气体收集后进入放空管与燃料气充分混合，实现完全燃烧的处理方法，净化效率高。该技术工艺简单，操作方便，但是会造成能源浪费。碱洗法是将恶臭气体通过风机输送，经强吸装置后使硫化氢与 Na_2O_3 反应，消除气体中的硫化氢后排放。碱洗法的优点是运行效果较好、无二次污染，缺点是维修成本较高，消耗药剂和电能，运行费用过高，不宜大面积推广应用。表面隔绝法则采取隔绝措施大幅度减少气田水池中恶臭气体的产生，但由于未对产生的少量恶臭气体进行处理，因此水池周边仍有恶臭。

除上述 3 种方法外，针对硫化氢治理还有干法脱硫技术，即采用氧化铁脱硫剂与硫化氢反应消除硫化氢气体。该方法在气田水恶臭治理上没有实际应用。

2.3　方案思路

72 号气田水池的恶臭程度表明，当气田水管线向水池内输转水时恶臭最严重，因为转水时水池中的水体在短时间内产生大的振荡，大量硫化氢气体挥发到空气中。水池中液面与密封板之间有距离，存在硫化氢气体挥发的通道。再者，通过立管排放的恶臭气体没有经过处理，恶臭气味严重。

72号气田水池的恶臭治理方案包含3个方面，一是减少转水期间水体振荡状态下的硫化氢产生量；二是减小水体与空气的接触面积，通过减小硫化氢的挥发通道减少挥发量；三是对少量挥发出的硫化氢气体进行处理。

2.4 工艺措施

根据治理方法原理，复合型气体治理技术的工艺措施主要包括进水管优化、亲水表面隔绝和干法脱硫3个方面。图1为复合型气体治理技术原理示意图。

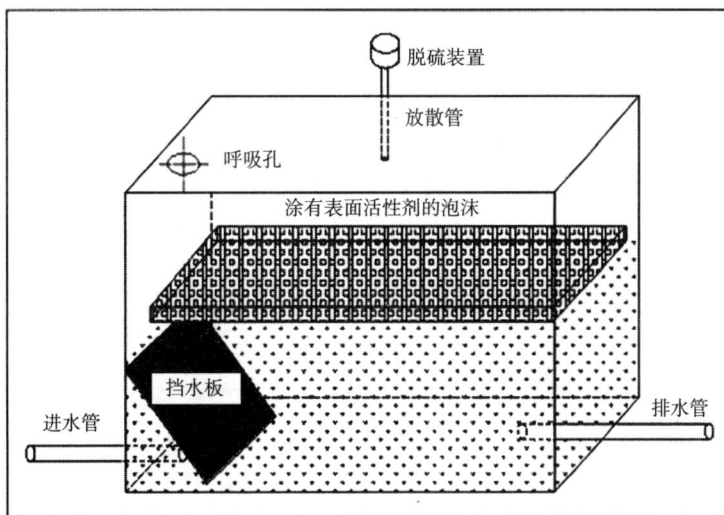

图1 复合型气体治理技术原理示意图

（1）进水管优化

为杜绝水流直接与空气接触，将进水管延长，保证进水管出口淹没在水中，从而避免水流进入水池过程中挥发恶臭气体。同时进水管出口上端设置有挡水板，减弱进水对池内水体的冲击，降低振荡，避免恶臭气体挥发。

（2）亲水表面隔绝

用亲水剂喷涂在PE泡沫上形成亲水表面，亲水表面与水池周边墙面不完全接触，漂浮在水面上。亲水表面遮挡水池表面积的98%以上，形成隔绝层，堵住了气体进入空气的通道，从而大幅度减少恶臭气体的逸出量。

（3）余气净化

本次实验治理的对象是气田水池中挥发出的硫化氢气体，净化装置的作用是通过工艺措施消除硫化氢气体，采用了干法脱硫工艺，其反应方程式如下。

$$Fe_2O_3 \cdot H_2O + 3H_2S \Longrightarrow Fe_2S_3 \cdot H_2O + 3H_2O$$

池体表面用水泥板密封，设置气体放散管，放散管接入净化装置。净化装置设置3个独立的存储腔，存储腔内填充有脱硫剂，通过化学反应达到消除硫化氢的目的。旋转净化装置可以让不同的存储腔与放散管连接，在持续脱硫的同时实现更换脱硫剂作业。净化装置各个腔室与放散管连接部分采用充气式软密封装置，具有较好的密封效果。

3　实验过程

2019年5月形成了技术方案并绘制了净化装置的设计图纸，7月完成了相关物资和材料的准备，8月进行了现场实验前的准备工作，并做了水池内和周边环境空气的背景值监测，9月开展了实验措施实施，10月进行实验后气体监测。

3.1　实验准备

3.1.1　进水管优化改造

水池原有3根进水管，其中两根为金属材质、一根为PV管，分别距离池顶20 cm。当水流进入水池时，水池在空气暴露时间长，恶臭气体产生量大。本次实验将3根进水管分别延长到距池底0.5 m处。当实验进行时，正常水位高于0.5 m，从而保证进水管出水口低于液面，如图2所示。

图2　进水管优化现场图

3.1.2　亲水表面的制作与安装

在长方体 PE 泡沫（200 cm×100 cm×5 cm）6 个表面均喷淋亲水处理剂并晾干（喷淋不与水接触的表面是为了防止在黏接过程中出错），如图 3 所示。

图 3　亲水泡沫喷涂与晾晒

将晒干的泡沫拿到污水池内再粘贴为一个整体；为保证泡沫在水中不因水体冲击造成粘接处脱落，在每块泡沫的连接处进行了拉筋处理，即在连接处上面位置增加了宽 10 cm 的条状泡沫二次连接。

对水池各壁面有水管的位置进行测绘，在泡沫相应位置进行了标注，并用刀切割了水管对应的位置，以保证泡沫与水池的完全吻合，从而保证泡沫承池内水位的变化而上下浮动，实现泡沫与水体的绝对接触。如图 4 所示，拼接后的泡沫成整块状。

图 4　拼接后的亲水泡沫

3.1.3　净化装置的设计与安装

首先用 CAD 软件绘制了净化装置的详细加工图，通过机械厂加工为成品，如图 5 所示。

图5　净化装置成品图

当净化装置加工完成后，其上下端通过设置的法兰盘，下端连接水池放散管，上端连接放空管线。当装置安装完成后，向装置内存储腔内填充了脱硫剂，保证气体通过时消除硫化氢，如图6所示。

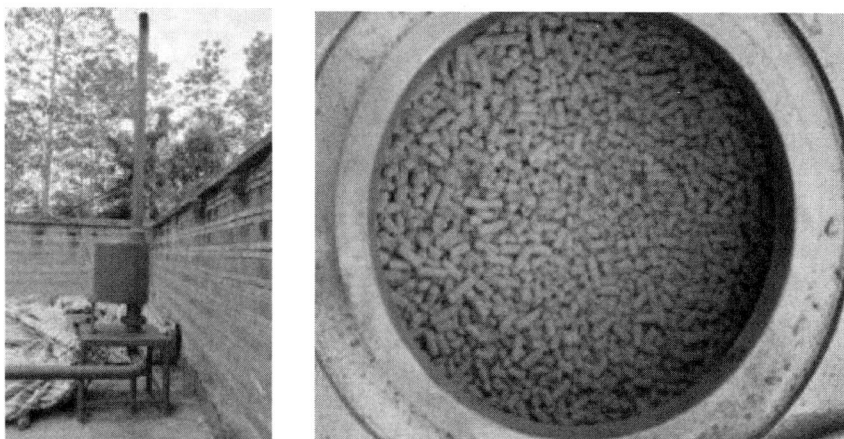

图6　净化装置安装与填充脱硫剂

3.2　实验监测

监测分为两个阶段，第一个阶段为背景值监测，即在对水池没有任何改动的情况下对水池内和环境空气中的硫化氢含量进行监测。第二个阶段为实验改造后对水池内和环境空气中的硫化氢含量进行监测。

测量过程与结果

2019年10月进行了实验后的池内和环境空气中硫化氢的监测，监测方法为亚甲基蓝法。监测水池内硫化氢含量时，将大气采样器进样口连接的软管通过观察孔伸入气田水池内进行气体采样。

监测环境空气中硫化氢含量时，以气田水池为主要污染源，根据主导风方向，环境敏感点选择气田水池放散管下风向 25 m 处。实验前后各监测 3 组数据，监测结果见表 1、表 2。

表 1　气田水池池内实验前后硫化氢监测结果

硫化氢含量 / (mg · m^{-3})		平均值 / (mg · m^{-3})		下降率 /%	备注
实验前	实验后				
0.316	0.026	0.364	0.026	92.8	水体静止
0.393	0.026				
0.384	0.027				
28.8	0.027	27.4	0.769	97.2	转水状态
26.7	0.89				
26.6	1.39				

表 2　气田水池放散管下风向 25 m 处硫化氢监测结果

硫化氢含量 / (mg · m^{-3})		平均值 / (mg · m^{-3})		下降率 /%	备注
实验前	实验后				
0.036	未检出	0.040	未检出	100	水体静止
0.042	未检出				
0.041	未检出				
0.237	0.004	0.232	0.006	97.4	转水状态
0.232	0.006				
0.226	0.008				

根据监测结果，实验前气田水池内硫化氢含量为 0.316~28.8 mg/m³，环境空气中硫化氢含量为 0.036~0.237 mg/m³。实验后气田水池内部气体中硫化氢含量为 0.026~1.39 mg/m³，环境空气中硫化氢含量最低未检出，最高为 0.008 mg/m³。根据实验人员现场反馈，实验前场站具有严重的恶臭气味，实验后转水时具有轻微的恶臭气味，水池内水体相对静止时没有恶臭气味。

3.3 实验结论

①技术设计合理，各类装置运行正常。选择的进水管优化和亲水表面覆盖方法有很好的效果，降低了水池内的硫化氢挥发量，净化装置更换药剂方便。

②技术除臭效果好，适用性强。该技术实现了气田水池产生的气体达标排放，适用于各种浓度的气田水池。同时可以根据恶臭程度定制不同尺寸的净化装置，该技术投资在 10 万元以内，无须人员值守和日常维护，具有很强的适应性，特别适用于周边环境敏感的各类生活污水池和工业废水池。对于其他不同组分的恶臭气体，通过在净化装置中填充不同的处理药剂，同样可以实现除臭的目的。

3.4 存在问题与原因

72 号气田水池开展实验后在水体动荡时仍有轻微的恶臭气味。一是恶臭气体的组成较复杂，本次治理仅针对硫化氢等含硫物质，因而恶臭气体未能全部消除；二是 72 号气田水池因其他原因未实现完全密封，部分气体通过缝隙挥发到大气中；三是没有排风装置，排放速度慢，随着池内气体浓度的增大，恶臭气体通过缝隙到达地面，环境空气中的恶臭程度增加。

3.5 改进措施

为保证消除多种物质组成的恶臭气体，对净化装置进行优化，将装置腔室在纵向上进行分层，增加活性炭和其他可以消除恶臭物质的多孔吸附介质，最大程度减少恶臭物质的外排；除气田水池观察孔采取软密封外，其他区域均采取混凝土和复合材料密封；在净化装置前端设置管道排气扇，以保证排水时将恶臭气体引入处理装置。

4 收获与总结

通过本课题的研究，让我对具体问题的分析与解决能力有了较大的提升。同时也极大地加深了我对环境保护的认识和了解。我们的生活与环境有密切的联系，在以后的生活中要爱护环境、实现与环境的和谐共处。

回顾本课题涉及的工艺措施，亲水表面隔绝是成熟的技术措施。本课题的创新在于对亲水管的优化和余气净化，其中进水管的优化是为了杜绝水进入水池阶段的气体挥发，实验证明具有可行性。余气净化是在对气田水池周围空气质量仔细分析后，结合硫化氢气体的特点提出来的，实验证明实施该措施后具有较好的效果。

但是由于气田水池中恶臭气体的组分复杂，加之实验条件的不完善，因此实验结果并不是 100% 的理想，这也正是科学研究吸引人的地方。只有通过不断地分析和完善，才能真正地解决问题。也只有通过不断的努力探索，才能不断提高自己的理论水平和解决实际问题的能力。在科学研究的大道上，我们有太长的路要走。

5　致谢

感谢重庆环境节能监测中心提供了 72 号气田水池的技术资料和监测技术服务，提供中国知网的论文下载、场地和物资投入。感谢老师们的支持和指导，让我们顺利完成了课题设计并形成了技术方案，协助我们完成了净化装置设计。感谢爸爸妈妈，是他们的支持和鼓舞给了我足够的信心完成整个课题研究。

参考文献：

［1］赵宏，张明鑫，罗倩，等.气田水池恶臭治理技术优选及效果评价［J］.油气田环境保护，2016，26（2）：23-26.

［2］张洪.污水处理厂的恶臭污染控制技术[J].污染防治技术，2008，21（4）：81-83.

［3］宋彬，李静，高晓根.含硫气田水闪蒸气处理工艺评述［J］.天然气工业，2018，38（10）：107-113.

［4］马兴冠，马莹.含硫恶臭气体处理方法的研究进展［J］.辽宁化工，2011，40（3）：249-251，256.

（第 35 届重庆市青少年科技创新大赛江北区选拔赛研究论文三等奖，

指导教师：张文静）

老年生活智能化住房改进研究

2017 级 3 班　詹沛霖

【摘要】随着中国进入人口老龄化社会，近年来养老问题开始慢慢地显现出来，"老有所养"成为很多现代人都在探讨的问题。面对日趋严重的老龄化问题，未来中国老年人如何更好地生活也成为中国社会即将面临的挑战。本研究基于国内老年人居住现状背景，选取重庆市江北区居家生活老年人为例，通过调查问卷和访谈的形式来了解居家老年人的生活情况和健康情况，并且为了让老年人生活得更加舒适、便利，从老年人自身需求出发，提出相关改进设想，旨在为老年人提供一个安稳舒适的居住环境。

【关键词】老年生活；智能生活；住房改进

一、引言

20 世纪 90 年代以来，中国的老龄化进程加快。目前，中国 60 岁以上的老年人口有 1.67 亿。经专家预测到 2040 年，65 岁及以上老年人口占总人口的比例将超过 20%，预计到 2050 年，我国 65 岁以上的老年人口将超过 3.2 亿，中国的老年人口将占中国总人口的 1/5 左右，占世界老年人口的 1/4。我国老年人口高龄化趋势日益明显，相关经验告诉我们，现代社会中老年人的养老问题不再局限于个人和家庭，而是整个社会迫切需要解决的问题。但是，老年人随着年龄的增长，身体各项机能逐渐衰退，出现各种障碍，给他们的日常生活将带来诸多不便，住房对老年人而言不再只是满足居住需求，而是要解决安全隐患。

二、老年人的居住现状

（一）国内外老年人居住情况

有一个普遍的社会规律是：发达国家进入老龄化时，人均 GDP 一般在 5 000 美元以上，有的甚至达到 8 000 美元，具备一定的经济实力，有能力解决老龄化带来的一些社会问题。相比之下，国家统计局数据显示 2019 年我国人均 GDP 仅为 1 000 多美元，与发达国家的差距较大。这也使更多人对未来中国老年人生活居住情况表示十分担忧。我国经济发展水平尚处于世界中下水平，老龄化程度却已进入了发达国家的行列，呈现出"未富先老"的特征。

此外，我国老年人家庭的空巢化趋势明显，与子女共同居住的老年人比例不高，老年人在居住方式上的独特性表明他们需要得到更多的社会支持。

在居住环境方面，目前我国城市中大多数老年人居住在楼房里，随着楼层的增加，老年人活动的场所变得越来越小，特别是行动不便的老年人，高楼就像牢房一样束缚着他们。此外，当我查询资料和开展调查后发现，我国相当多的住房内的设施对于老年人居住很不友好。国内曾开展过一项对现有居住环境适合养老的满意度调查，被调查的老年人中认为"不适合养老"的占 22.42%，认为"一般适合"的占 51.67%，只有 25.91% 的老年人认为"适合"养老。从结果看，老年人对居住环境的满意度偏低，尤其对室外环境设施方面。

（二）老年人居住舒适度及需求调查（以重庆市江北区为例）

1. 调查目的及对象

为了深入了解老年人的现实生活状况，我针对重庆市江北区内老年人的居住舒适度和需求展开了调查，调查对象为重庆市江北区居家生活的老年人。

2. 调查方法

考虑到老年人使用电子产品完成调查可能有困难，本调查研究采用问卷调查法和访谈法相结合的形式。

3. 问卷设计

问卷由单选题和多选题构成，共计 14 题。

4. 调查结果分析（以重庆市江北区为例）

本次调查共随机发放问卷 405 份，收回有效问卷 357 份，访谈 48 人。以下是开展调查研究后的数据分析，如图 1—图 14。

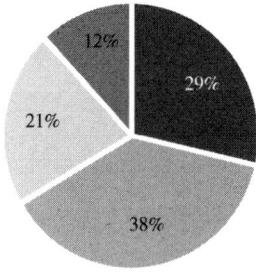

■50~60 岁　■60~70 岁　■70~80 岁　■80 岁以上

图 1　年龄组成情况

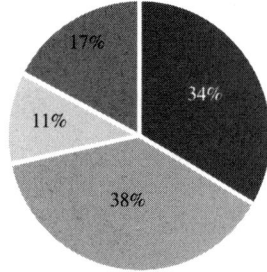

■12 h 以上　■8~12 h　■3~8 h　■3 h 以内

图 2　独自在家时长情况

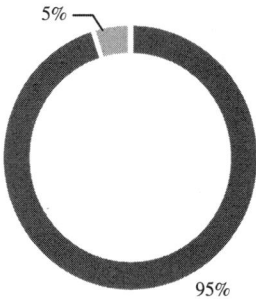

■是　■否

图 3　根据天气增减衣服情况

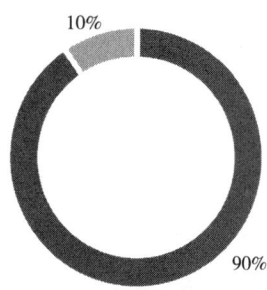

■是　■否

图 4　按时吃药情况

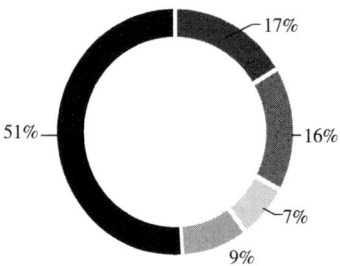

■视力障碍　■居家环境障碍　■慢性病
■肌力衰弱　■无摔倒经历

图 5　摔倒经历及原因情况

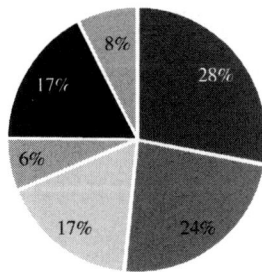

■记忆力下降　■视力下降　■听力下降　■走路易摔倒
■四肢、关节痛　■十分健康

图 6　老年人遭受健康困扰情况

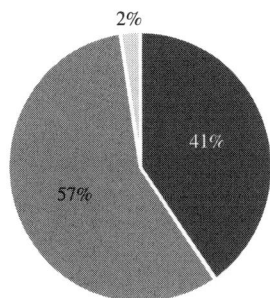

非常舒适 ■一般，但也挺舒服 ■不太理想

图 7 居住舒适度情况

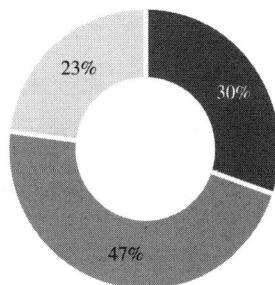

■经常会 ■有时会 ■不会

图 8 空气清新情况

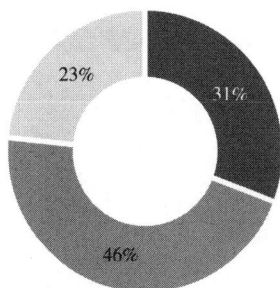

■经常会 ■有时会 ■不会

图 9 温度适应情况

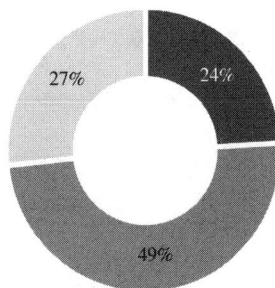

■都会操作 ■有的不会操作 ■都不会使用

图 10 电子设备操作情况

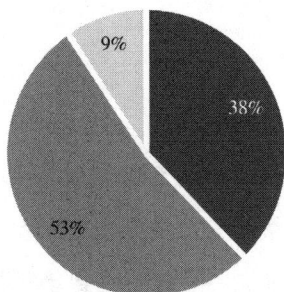

■经常会 ■有时会 ■不会

图 11 在家感到孤单情况

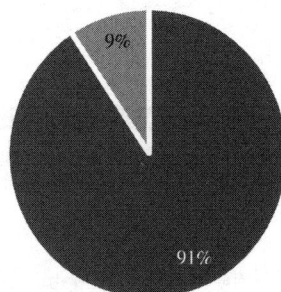

■有必要 ■没有必要

图 12 适当锻炼身体情况

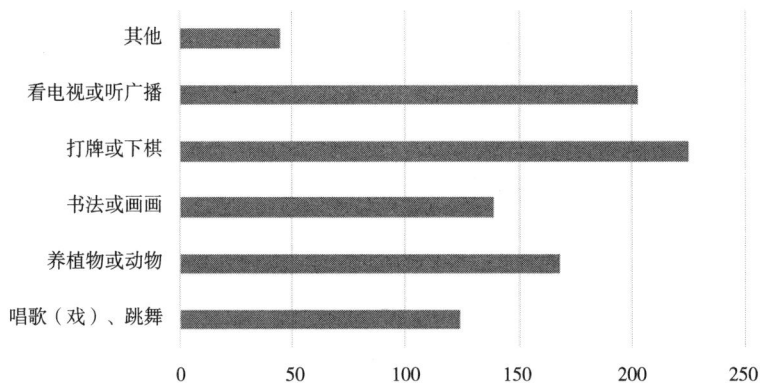

图 13　主要娱乐活动情况

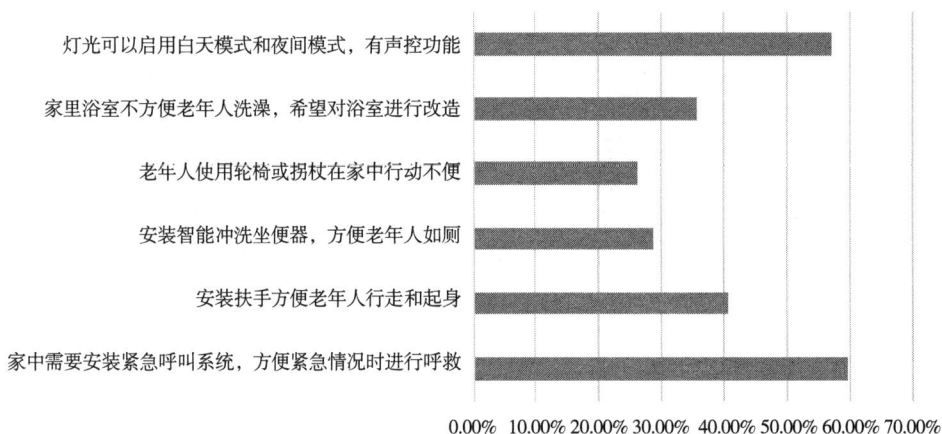

图 14　老年人居住需求情况

经调查，了解到重庆市江北区有很多老年人都是独居生活，且生活中存在很多的困难和不便。

三、老年人住房改进的必要性和意义

由于人口老龄化日益严重，居家养老服务的普及，越来越多的老年人想在家中生活，家人们也希望老年人能在自己熟悉的环境中安度晚年，社会必须解决照顾老年人的生活问题，这个问题能否得到妥善解决，将直接影响到老年群体的幸福感和社会的和谐稳定。因此，适应老年人的住房改进是必不可少的。

四、老年生活智能化住房改进的相关设想

（一）智能化住房改进设想总览图

随着科技发展，"智能"已经成为一种生活方式和社会潮流，科技改变着人类的生活环境与生活习惯。智能生活，已经来到我们身边。从智能化角度和老年人生活需求出发，对老年人的住房进行改进会更加便捷和人性化。

根据调查，虽然目前一些老年人不太擅长使用智能产品，但是对于智能设施的接受程度较高，也愿意去学习现在的智能设施，这也使住房实现智能控制有一个良好的心理预期。

"老年生活智能化住房改进"研究的主要作用是为老年人提供生活提醒，实现智能控制，并为日常生活提供安全保障。那么，对于未来老年人住房的智能化改进有以下的设想，老年人住房改进设想功能总览图如图15所示。

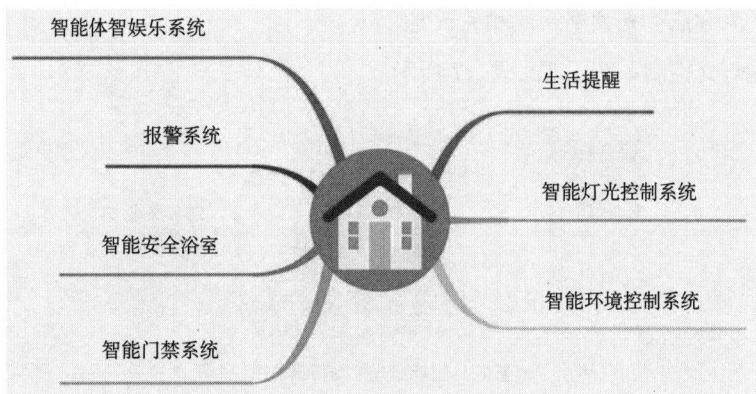

图15　老年人住房改进设想功能总览图

（二）智能化住房改进设想具体功能

1. 生活提醒功能相关设想

调查显示，很多老年人不能及时地知晓天气情况或者已知天气情况却忘记的现象，所以生活提醒是必不可少的。

房间内系统会自动更新时钟，并根据时间设为白天模式、夜间模式。6点到18点为白天模式，18点到第二天6点为夜间模式。如果是白天模式，首先房间屏幕上显示本地当天的天气和温湿度情况，如果天气气温低于15 ℃，将提醒添

加衣服，如果天气高于 30 ℃，或者湿度低于 35%，将提醒多喝水、定时浇花等。

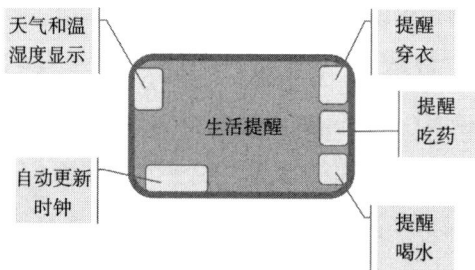

图16　生活提醒功能设想

老年人身体很容易出现问题，必须按时吃药。但从实际情况来看，一部分的老年人在知道吃药很重要的情况下，还是会时不时地忘记吃药的时间，忘记是在饭前还是饭后，甚至直接忘记吃药。所以在房屋改进的生活提醒部分中，提醒老年人按时吃药是必不可少的。

2. 安装智能灯光控制系统相关设想

智能灯光控制系统设想如图 17 所示。

图17　智能灯光控制系统设想

白天模式时，房间内的老年人可以通过语音控制实现开灯、关灯、播放音乐等功能。

到了 18 点，将自动开启夜间模式。系统不仅会提醒老年人休息，还设有起夜灯功能，当夜间监测到有声音或者人经过时，将自动开灯，避免老年人因为看不清而摔倒。

3. 安装智能环境控制系统相关设想

房间内墙壁上设有温度、湿度等传感器，能实时监测环境的数据，系统将会根据季节、天气情况自动进行温湿度调节、开关窗户等，保持房间内环境让老年人感到舒适、惬意。

智能环境控制系统设想如图 18 所示。

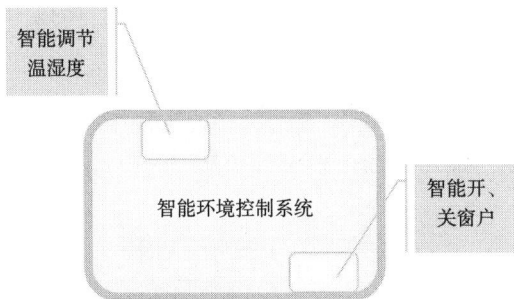

图18　智能环境控制系统设想

4.安装报警系统相关设想

老年人身体不便，容易发生摔倒等意外，再加上老年人有很多常见的突发疾病，比如心肌梗死等，一旦身边无人就可能发生无法挽回的人间惨剧。所以，未来的住房中安装报警系统是非常必要的。

每个房间内都安装紧急报警按钮，一旦家中老年人有比较严重的身体不适或突发情况，按一下报警按钮，将触发报警系统连接社区中心、医院、公安局等，保证老年人在发生意外时能够第一时间得到帮助和救治，这样就可以更加直接有效地保护老年人的身心健康。

智能报警系统设想如图 19 所示。

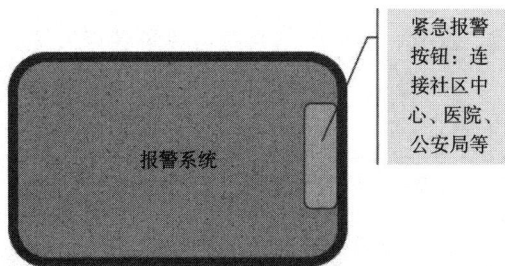

图19　智能报警系统设想

5.安装智能安全浴室相关设想

当智能浴室系统感应到老年人进入浴室时，会自动开启工作，自动调节灯光、温湿度等，时刻准备供应热水、冷水。智能浴室中四周都安装有双层柔软材质扶手，并定时用语音提示扶手的位置，扶手高度可以根据老年人个人习惯进行调节，让老年人更有安全感。浴室地板采用快干材质，在老年人使用浴室时，地板会自动速干，以防老年人摔倒；此外，浴室内还会安装智能安全调控装置，比如浴室温度太高，水汽太大，容易使老年人在洗澡过程中出现眩晕现象，所以一旦浴室的安全调控装置检测到温度过高或水汽太大的现象，会及时显示危险灯，发出报警声，并自动切断浴室外热水供应装置，直到浴室内恢复正常温度；当热水温度达到设定值时，会自动语音提醒可用，如图 20 所示。

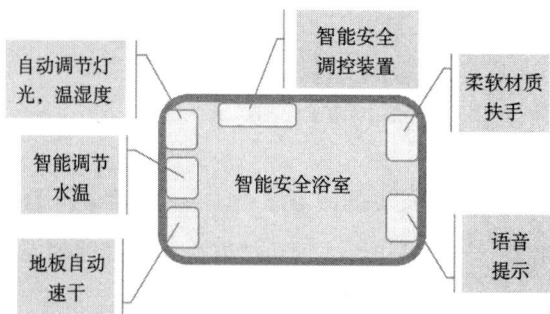

图 20　智能安全浴室设想

6. 安装智能门禁系统相关设想

人们在日常生活中很容易忘记带钥匙，尤其老年人健忘，就更容易忘记带钥匙。住房中的智能门禁系统，可以通过指纹识别、人脸识别、声音识别或者虹膜识别的方式，彻底解决忘带钥匙这一尴尬现象。尤其一些老年人不会使用手机，无法与家人取得联系，只能被关在门外。那么安装智能门禁系统后，老年人再也不用担心回不了家的问题。此外，智能门禁系统可收录老年人子女、家人和朋友的个人信息，当他们来看望老年人时，会自动记录并语音提示老年人，如图 21 所示。

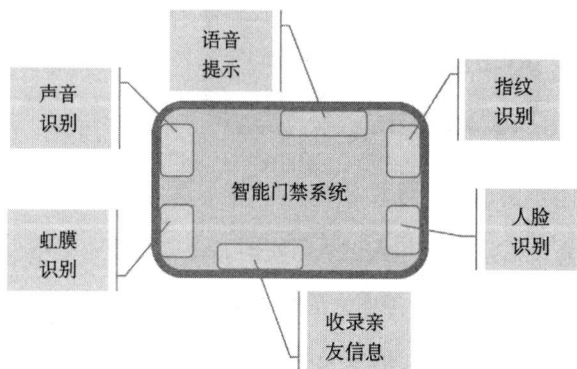

图 21　智能门禁系统设想

7. 安装智能体智娱乐系统相关设想

老年人普遍缺乏身体锻炼，身体机能下降较快，再加上他们独自在家时间较长，时常会感到孤单和无趣。智能体智娱乐系统通过 AI 技术辅助老年人进行身体机能锻炼，开展一些益智娱乐活动，整个系统都可以语音交互下达指令，锻炼和益智娱乐根据老年人的兴趣爱好自由切换，系统实时监测老年人的身体状况，出现异常立马报警提醒，如图 22 所示。

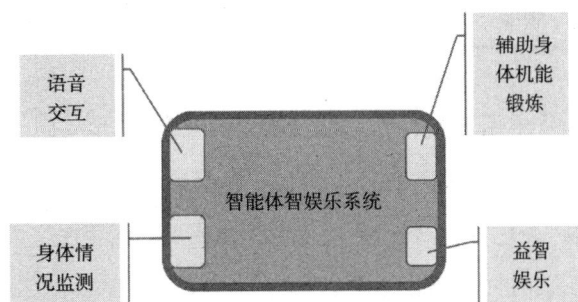

图 22 智能体智娱乐系统设想

五、结语

随着社会的不断发展，住房也随着生活的不断改善而改进。年岁的增长给老年人带来的不只是儿孙满堂，同时也使其渐渐丧失生活的独立性。对老年人生活的住房进行智能化改进不仅可以为老年人提供舒适、安全的居住环境，还能提高老年生活的质量与品质，促进家庭和谐和社会安定。

老年人的居住环境对老年人的健康有一定影响，就本次研究来说，老年生活智能化住房改进是提升老年人基本生活品质和生活安全的一种改进方式，但老年人的幸福仅仅靠设备环境改进还远远不够，还需从生理、心理、日常生活等多方面协同改进。例如让老年人在家里不仅可以锻炼身体，还可以有一些娱乐活动来丰富他们的日常生活等，这些都离不开家庭、社会各界的重视和支持。

参考文献：

［1］唐咏.居家养老的国内外研究回顾［J］.社会工作，2007（2）：12-14.

［2］李嫣.中国老年人居住环境现状与发展研究［J］.装饰,2006（2）：99-100.

［3］何荣.居家养老是我区城镇养老的最佳模式选择［J］.新疆社科论坛,2005（6）：63-67.

［4］陶立群.中国老年人住房与环境状况分析［J］.人口与经济,2004（2）：39-44.

［5］杨宗传.居家养老与中国养老模式［J］.经济评论,2000（3）.60-61,69.

［6］孙景伟,丁学用,常胜波.房间智能光控系统的设计［J］.科技创新与应用,2018（12）：94-95,98.

［7］周燕珉,王富青."居家养老为主"模式下的老年住宅设计［J］.现代城市研究,2011（10）：68-74.

（第36届重庆市青少年科技创新大赛研究论文二等奖,指导教师：赵子苇）

面粉发酵过程实时观察研究

2017 级 7 班　黄泊睿

【摘要】面粉发酵是酵母菌与面团逐渐发生反应产生二氧化碳气体和酒精的过程，同时二氧化碳气体可使面团变得蓬松最终达到让面制品松软的目的。本文旨在利用大气压差原理通过气液转换对不同添加剂添加时的面团发酵过程产气量进行直观量化的实时观测，最后对所获数据进行分析找出变化规律，证明各添加剂在发酵过程中的作用，以期为人们生活中利用面团发酵制作美味食物提供数据参考。

【关键词】添加剂；面粉发酵；产气量；试验

一、引言

民以食为天，新冠肺炎疫情期间，大家都待在家里，不少人都静下心来亲手创作研究美食，比如面包、馒头、包子等面食。可是用面粉做点心有个前提就是必须发面，只有充分饧发的面才能做出松软可口的点心，不然面就会变得紧实不松软，口感非常不好。为了发好这个面大家是费尽脑汁用了好多方法，加糖、加盐、加小苏打还是加酵母粉都试过，但这些物质在发酵过程中究竟是怎么起作用的，可能还是一头雾水。本文通过一种简易试验的方法力图找出它们在发酵过程中起作用的关键，利用数据分析，解开人们心中的疑惑。

二、试验方案构思

要用试验的方法找出它们之间起了何种作用，首先查阅相关文献资料了解面粉发酵的基本原理。面粉中含有少量可发酵的单糖和多糖，如葡萄糖、果糖、蔗糖、麦芽糖，但其大部分为淀粉。而酵母可直接利用的是葡萄糖，当葡萄糖利用完后，蔗糖将被蔗糖酶转化为葡萄糖和果糖，此时酵母仍优先利用葡萄糖，然后再利用果糖。最后，淀粉被淀粉酶水解产生的麦芽糖，加上面粉中原有的少量麦芽糖，在酵母分泌的麦芽糖酶作用下，被分解成葡萄糖作为酵母的碳源。正常发酵的面团，其体积可以随着时间的变化而变大，扒开面团可以看到内部有许多孔隙，正是有这许多气孔才使面团膨胀起来，就像吹气球一样慢慢变大。面团正是利用发酵过程产生的气体让面团膨胀起来变得蓬松。基于这个原理如果可以测量出这个发酵过程产生的气体的体积，我们就可以利用这个测得的气体体积的大小数值以及过程变化来判断出参与发酵的物质所引起的作用。接下来如何将产生的气体收集起来，因空气看不见摸不着，不好进行测量，所以还要通过转换测得气体的体积。通过构思，形成了初步试验方案，方案如下：

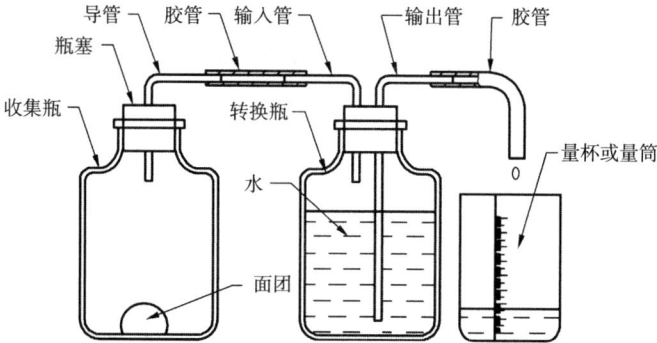

实验装置示意图

将按原料配比和好的面团放入收集瓶中，密封好，这个瓶就会将面团产生的气体有效收集起来。瓶盖上连通一个导管，当气体产生时就会形成气压，气体就会通过导管引出到转换瓶。气体通过导管从输入管引到转换瓶上方空间，因气体增多压力升高，下方的液体会被气压压入转换瓶的输出管，输出管把压入的液体输送到液体收集杯中然后倒入量杯进行测量或直接输送到量杯进行测量。

产生的气体的体积测量问题有了思路，接下来就是策划测量如何反映整个发酵过程。可以按时间每隔30 min记录下体积的变化量，然后做成变化图表，以直观地看到发酵中气体发生过程，便于分析。

为了体现各种添加剂具体参与发酵的作用，进行两组实验：第一组是各原料单独测试，第二组是在加入酵母基础上分别添加其他原料进行实验测试。

三、试验材料准备

试验用原料：面粉、酵母粉、白砂糖、盐、苏打粉、蜂蜜若干。

试验用器具：收集瓶2个、量杯1个、导管、瓶塞、软胶管、天平计时器（钟表、手机）。

实验装置图

四、试验分析

1. 各添加剂单独加入面粉进行测试

面粉各 50 g 共 5 组，每组分别加入 1 种添加剂 5 g（酵母粉加 1 g 除外），等量水 25 g 混合成面团，放入收集瓶中进行气体收集，盖好瓶塞，不能漏气。转换瓶中装满水，但不能淹到输出管，同样需要盖好瓶塞，要密封好不能漏气。输出管接入量筒中或其他容器中均可，接下来按时测量流到量筒中或容器中的水体积并记录数据。

连接试验装置　　称量试验原料　　揉制试验面团　　　装入面团测试

观测记录

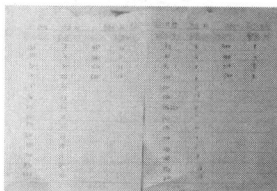

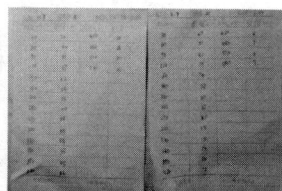

记录数据

实验流程图

从添加剂的独立试验中可以看出，单独加糖、苏打、盐及蜂蜜的面团变化微小，未收集到气体，面团体积也无变化。加酵母粉的面团随时间的变化产生了大量气体，体积也随时间变化增大，直到最后表面塌陷。通过对比可以看出酵母是面团发酵的关键，发酵就是酵母菌参与分解的过程。

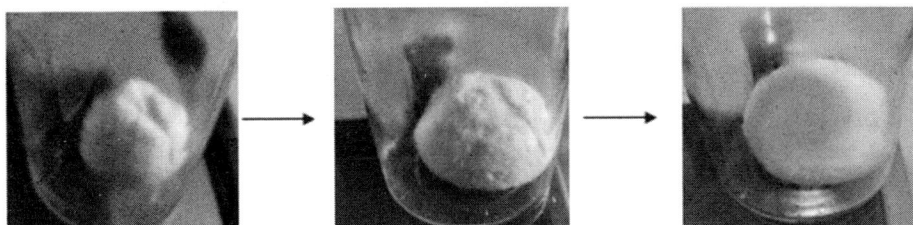

加酵母的面团，随时间逐渐膨胀变大，最后变塌陷，表面也有洞

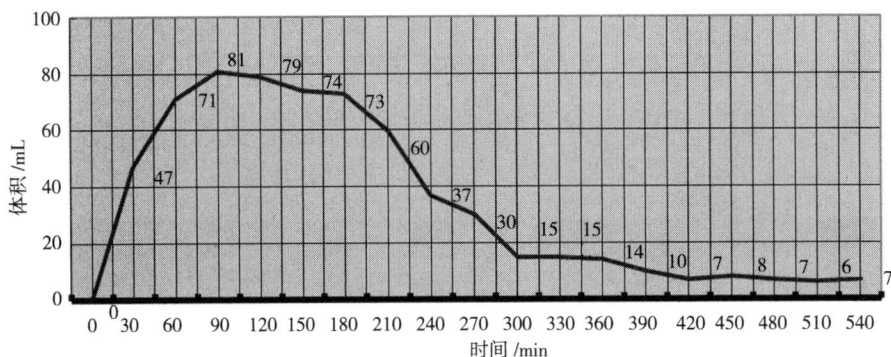

酵母发气量趋势图

从酵母发气量趋势图可以看出，面粉发酵经历的几个阶段：增长段、高潮平衡段、下降段。试验结果与其他研究仪器分析结果一致。

2. 在添加酵母的基础上分别加入其他原料进行试验

每组面粉 50 g，酵母 1 g，共 4 组，每组再分别加其他添加剂 1 种 5 g，每组加等量水 25 g 混合成 4 种不同酵母面团，按之前试验方式放入收集瓶中进行气体收集测量记录数据。

面粉（50 g）＋干酵母（1 g）＋糖（5 g）试验：

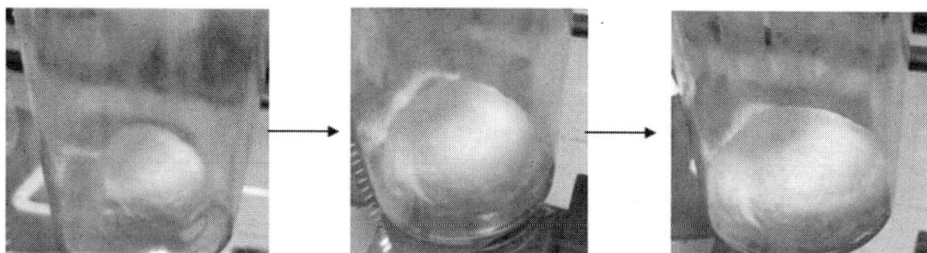

加糖酵母面团，随时间逐渐膨胀变大，增长体积速度比纯酵母面团快且最后体积明显大于纯酵母面团

酵母与白砂糖混合添加产气数据

体积 /mL　　时间/min 组别	0	30	60	90	120	150	180	210	240	270	300	330	360	390	420	450	480	510	540
面粉（50 g）+ 干酵母（1 g）+ 盐（1 g）	0	20	40	41	47	52	54	56	50	54	54	54	53	45	36	30	28	30	25

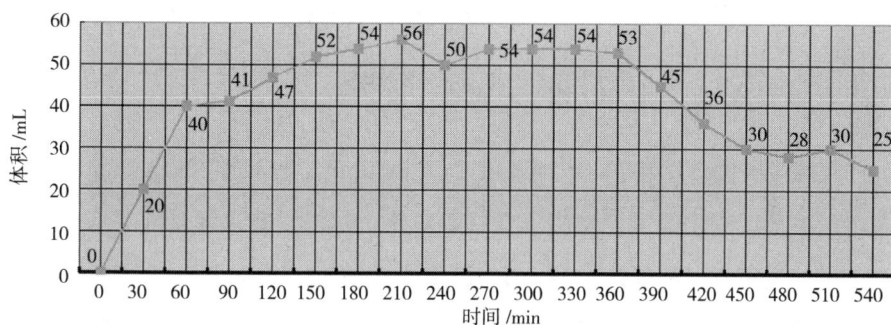

加糖酵母面团发气量趋势图

　　根据加糖酵母面团发气量趋势图所给数据可以看出，面粉加糖与只加酵母的面团相比，快速发气，持续时间更是长达 6 h，8 h 内产气量更大、更快，同时面团体积相对大许多，说明酵母不仅可以与面粉中的多糖和分解糖反应外，也与我们加入的白砂糖发生了分解反应产生了更多的 CO_2。检测结果证实了反应过程。

　　面粉（50 g）+ 干酵母（1 g）+ 小苏打（5 g）试验：

加小苏打酵母面团，随时间变化缓慢，8 h 后面团较最初有所增大，但相比加糖和不加的酵母面团的小

酷母与小苏打混合添加产气数据

体积/mL \ 时间/min \ 组别	0	30	60	90	120	150	180	210	240	270	300	330	360	390	420	450	480	510	540
面粉（50 g）＋干酵母（1 g）＋小苏打（1 g）	0	3	4	4	6	11	13	11	11	10	9	11	9	10	12	9	7	8	8

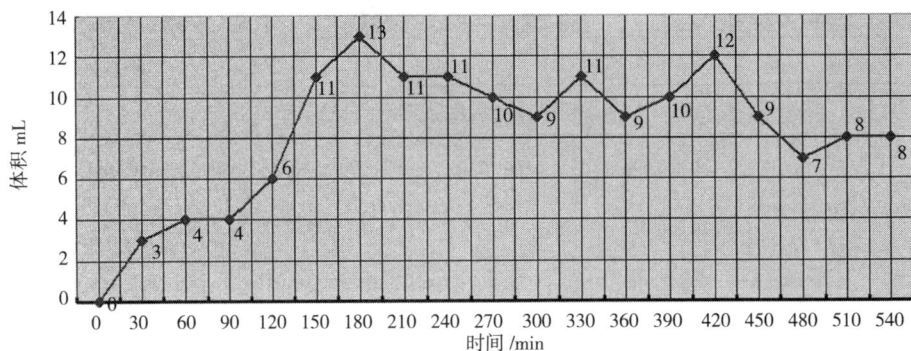

加小苏打酵母面团发气量趋势图

根据加小苏打酵母面团发气量趋势图所给数据可以看出，加入小苏打的酵母面团，产气速度缓慢，每半小时产气量最大 13 mL/min，与只加酵母发气量相比，8 h 内产气平稳但过于缓慢，发气总量过低。整个酵母发酵过程受到了抑制，这与酵母发酵的适宜环境是相关的。酵母发酵需要的是酸性环境，而小苏打为碱性，小苏打加入后影响酵母发酵环境。因此日常使用小苏打应在发酵完成后加入以中和口味。

面粉（50 g）＋干酵母（1 g）＋盐（5 g）试验：

酷母与盐混合添加产气数据

体积/mL \ 时间/min \ 组别	0	30	60	90	120	150	180	210	240	270	300	330	360	390	420	450	480	510	540
面粉（50 g）＋干酵母（1 g）＋盐（1 g）	0	0	0	0	0	0	0	0	0	0	0	0	0	0	0	0	0	0	0

从上表可以看出加盐的酵母面团未收集到气体，8 h 内面团无任何反应。后经查找资料确定盐有渗透压的作用，盐分子会使酵母菌的水分子流失，从而降低酵母菌的活性，也就是说盐会使发酵效果减弱，过多的盐会杀死酵母菌，因此加 5 g 盐已经超出酵母可承受比例。改变添加盐的比例，调整为 1 g 继续试验。

面粉（50 g）＋干酵母（1 g）＋盐（1 g）试验：

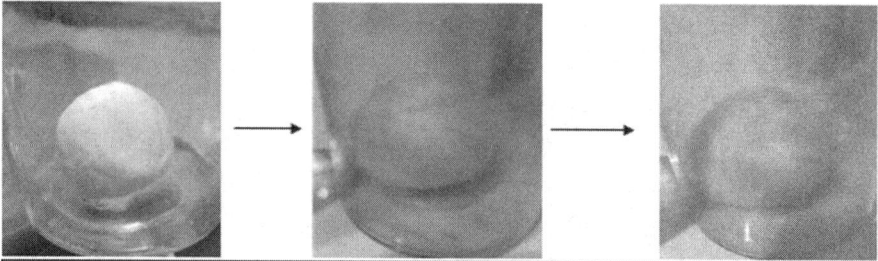

加 1g 盐酵母面团，体积随时间变化变化缓慢，8 h 后面团较最初有增大，但相比加糖和不加的酵母面团的小

酵母与盐混合添加产气数据

体积/mL　时间/min　组别	0	30	60	90	120	150	180	210	240	270	300	330	360	390	420	450	480	510	540
面粉（50 g）＋干酵母（1 g）＋盐（1 g）	0	3	21	20	24	25	23	25	23	23	25	23	23	21	21	20	21	18	18

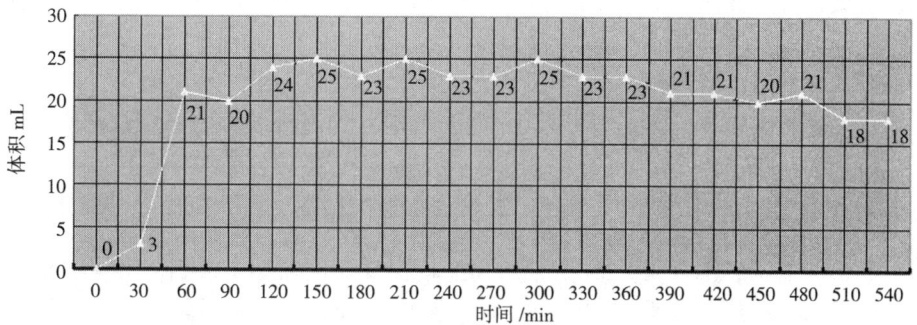

加盐酵母面团发气量趋势图

根据加盐酵母面团发气量趋势图可以看出，加盐酵母面团 1 h 内达到发酵最高峰，之后产气量居于平稳，发酵过程容易控制。8 h 总产气量低于加糖的酵母面团。

面粉（50 g）＋干酵母（1 g）＋蜂蜜（5 g）试验：

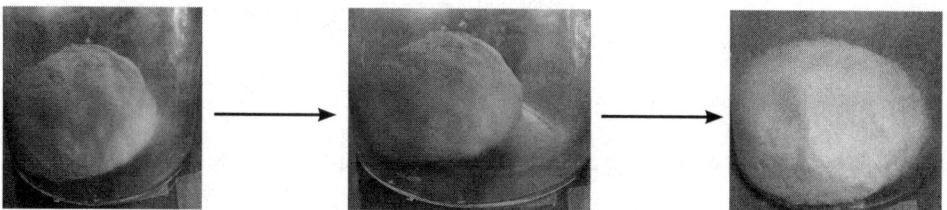

加蜂蜜的酵母面团体积随时间逐渐膨胀，到最后其大小与加糖面团差不多，表面有大量孔洞。

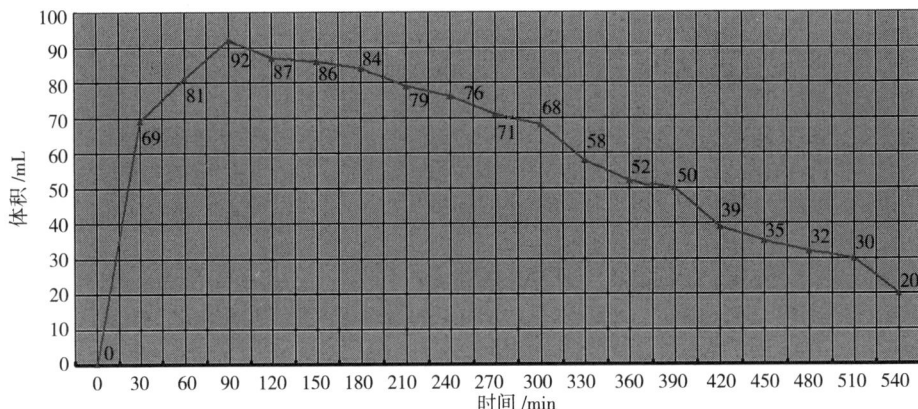

加蜂蜜酵母面团发气量趋势图

根据加蜂蜜酵母面团发气量趋势图可以看出，加蜂蜜酵母面团 1 h 内达到发酵最高峰，之后产气量处于平稳下降趋势，发酵速度和产气量都比前面几种添加剂快、大，说明蜂蜜的加入有助于酵母发酵。面团体积随时间快速变大，到最后表面出现较多孔洞，其大小与加糖的情况一致。

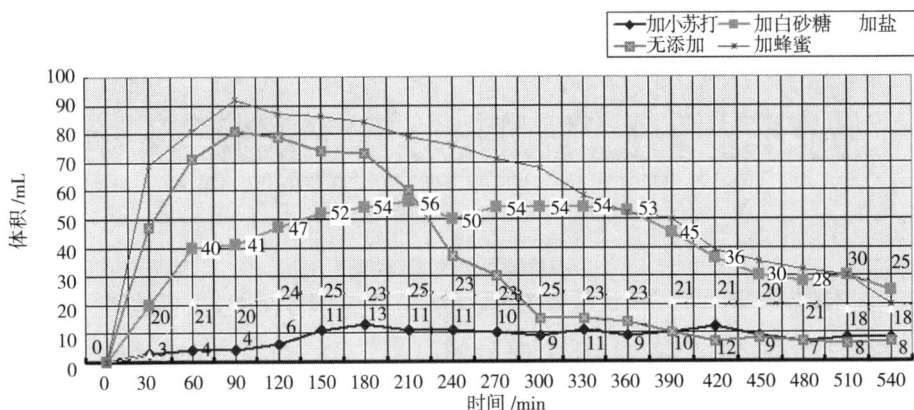

酵母面团发气量趋势图

五、试验总结

仅有酵母添加的面团发酵，发酵产气过程起伏大，4 h 内产生大量的气，4 h 后快速下降。加白砂糖或蜂蜜可增加持续快速发气的时间，达到 7 h，面团发酵的体积也是比较大，其中加蜂蜜更为突出。因此白砂糖或蜂蜜可以促进面团发酵。加盐或是加小苏打应控制添加量，通过控制添加量使酵母发酵更平稳。

各种添加剂除了影响产气量和产气速度外还可以改善面团最终物理特性、色泽、气味等，但必须注意加入的量，否则适得其反。除了做以上添加剂试验外还可做加醪糟、牛奶、酸奶等试验，以及针对同一种添加剂不同添加量情况下产气试验。

六、结束语

本文通过简单的实验器材实现对日常生活中的事物变化规律进行有效试验验证，便于人们有效解决生活中的困惑，所得数据又可以在解决问题的同时对涉及的事物进行改良。在需快捷简便识别事物规律时，此方法是非常适宜的。

参考文献：

［1］李会宝，马云庆，陈茂东．小麦粉发酵产气试验方法的应用［J］．中国粮油学报，2010（5）：9-14.

［2］王淡兮，孙哲，于卉．研究面团发酵特性的新技术［J］．现代面粉工业，2014（5）：26-28.

（第 36 届重庆市青少年科技创新大赛研究论文三等奖，指导教师：张俊锋）

多功能鞋的设计

2016 级 9 班　杨映瞳　2016 级 10 班　胥正杰　邓辰逸

　　谈起鞋，你的脑海里会想到什么？是草鞋？布鞋？还是皮鞋？鞋，作为人们生活的必需品，已有数千年的历史。随着社会的发展，鞋不仅讲究舒适，还讲究美观，鞋的功能也在不断增加。科技改变生活，未来的鞋是什么样的呢？未来的鞋又会有什么功能呢？

　　这学期，我们有幸加入学校 A-STEM "多功能鞋的设计"项目组，今天，想给大家分享我们的学习收获。

　　为了更好地学习，我们成立了自己的团队——天降奇才组。在项目初期，我们常常会因为一个小问题而争论不休，渐渐地，我们明白了只有相互包容、理解、共同进退，团队才会走向成功！

　　于是，我们下定决心，要充分发挥每个队员的长处，齐心协力完成我们的项目挑战！

　　我们的挑战是：设计一双至少具备防滑、环保或耐脏 2 种以上功能的多功能鞋。

　　在生活中，我们发现盲人出行非常不方便，有时会撞到人、树等障碍物，所以，我们就想：能不能设计一双可以保障盲人安全出行的多功能鞋呢？

　　于是，针对这个真实的生活问题，我们展开了头脑风暴，最终确定了我们多功能鞋的功能有：①行走方便的功能；②自动检测障碍物；③语音播报功能；④夜灯功能。

在项目学习时，我们采用了"拼图组"和"专家组"相结合的学习方式。根据每个同学最擅长和喜欢的工作进行了分工：产品推广师、结构工程师、功能设计师、造价工程师。这些专家名号，听起来很高大上，可对于我们来说，却是高不可攀的。只有具备扎实的专业知识，才能成为相关领域的设计专家，担任本组的专业指导。

因此，每一个小组的专家组成员，在老师的带领下，来到各自对应的专家组展开了学习，在这个过程中，我们学会了用文字、表格、思维导图等方式，时刻记录学习收获，再回到我们拼图组进行分享和指导。终于，经过一次又一次的讨论、修改，最终确定了我们组的设计方案。

接下来，请工程师们介绍我们设计的多功能鞋。

我是产品推广师：杨映瞳。

我们的多功能鞋的设计理念是：让盲人出行更方便、更安全。结合这个理念，确定了我们的品牌名称：舒心盲人鞋，设计了我们的品牌LOGO。考虑到盲人需要"眼睛"才能看到路，于是，我们将LOGO设计为一双明亮的眼睛，眼睛是黄色的，代表光明。外面有一个圆环，上面写了成员组名字的首字母和组的名称。为了让周围的人能够明显注意到盲人，我们在进行外观设计时，采用了橙色、蓝色……

亮丽鲜艳的颜色让其他人很容易看见。

我是结构工程师：邓辰逸。

在结构方面，我们将鞋子分为鞋面、鞋底和鞋垫 3 个部分。

在尺寸方面，我们设计的这双鞋尺码是 40 码，根据尺码的计算，对应的长度是 25 cm，设计的鞋底高度是 3 cm。

在材料方面，鞋面采用平绒材料，这种材料不仅柔软，还可以日常防水。鞋子里面装有棉布内衬，穿起来会更加舒适。使用的辅料是超细纤维。鞋底材料为乙丙橡胶，这样走起路来更舒适。

在设计时，预算鞋子价格是 200 元。但是在实际制作的过程中，发现比计划的材料和元件要使用得多了一些，于是调整了价格，最后定价为 399 元。

我是功能设计师：胥正杰。

为了实现鞋子的多个功能，我们组采用的硬件有：超声波传感器、灰度传感器、LED 灯和主控板。

当鞋子检测到前方有障碍物时，鞋子就会发出警报："前方有障碍物，请及时停下。"

一到晚上，鞋子两侧的 LED 灯会自动打开，让大家注意到盲人，并及时避让，从而保护盲人。

　　在参与项目学习的过程时，我们遇到了很多不会的、不懂的，以及我们害怕尝试的事物，但是老师永远支持着我们，教给我们学习的方法和思考的方式，比如"工程思维""迭代思维""五步探究法"。我们懂得了融合多学科知识，解决一个问题，从思维导图、头脑风暴鞋子的功能，到设计鞋子的结构，动手制作鞋子模型等一系列的过程，甚至在编写程序的过程中不断调试，以保证我们的功能完全实现。

　　虽然，我们的多功能鞋还有许多需要完善的地方，但我们会不断探究，不断提升自己的解决问题能力和创新能力。

　　以前，我们永远不敢想象自己能够做出一双鞋，更不要说是这样一双拥有"神奇"功能的鞋子！非常感谢学校给我们提供了这样一个学习和成长的平台，我们深信，在整个课程项目中学到的东西将受益终身，谢谢大家。

　　（玉带山小学第四届教学成果学术年会学生论坛学生成果，指导教师：张俊锋）

未来船舶工程师

2015 级 3 班 毛政霖 2015 级 6 班 姜雨涵 田玲可 王然

尊敬的老师们：

大家好！

我们来自 A-STEM "未来船舶工程师"项目组。非常荣幸能代表项目组参加本次论坛，我是来自六年级六班的姜雨涵，我是六年级六班的田玲可，我是六年级六班的王然，我是六年级三班的毛政霖。

姜雨涵：直到今天，我还清楚地记得 3 月 5 日周老师来到我们班招募项目组成员，当她介绍了项目的学习方式之后，我被深深地吸引了，由于报名的人数过多，周老师让所有报名的同学设计一艘船作为入选初试作品，我特别高兴，因为我不仅成功入选项目组，我设计的船还入选了学生活动手册的封面。整个项目从 3 月 8 日开始，6 月 16 日结束，历时 3 个多月，在这 3 个多月里，我们开展了丰富的学习活动，接下来，我们就通过一个短片一起来看看我们的活动历程吧（播放短片）。

短片中简单地呈现了在这 3 个多月里，我们所经历的学习活动：团队组建—入项（也是迎接挑战）—角色定位—专家组学习—方案设计—方案修改及方案分享交流—模型制作—模型测试—模型修改—再测试—成果发布—反思总结，经历了一个完整的工程设计和制作过程。小组学习采用的是拼图组学习法，即我们最初成立的小组为原始组，由 4 人组成。在现实生活中，造一艘船需要考虑的因素

有很多，我们对其进行了归类整理，将其定位为 4 个方面：动力、结构、外观和成本。小组成员每人承担一项进行研究，角色定位为动力设计师、结构设计师、外观设计师和成本精算师。在学习造船应具备的知识和技能时，每个人都到自己对应的板块去学习，我们称为专家组学习，学习完成后，把自己学到的知识分享给同组的其他成员，并承担自己对应板块的设计和制造。这种方式使每个人都承担了任务，我们为完成一个作品而共同努力着。下面，由田玲可分享她在项目中的学习收获（PPT 呈现所有内容）。

田玲可：大家好，我是来自六年级六班的田玲可，也是镇魂队的成本精算师，我的任务是了解材料超市中材料和工具的价格，和组内的动力设计师、外观设计师及结构设计师商讨如何控制成本，以相对较低的价格造出我们想要的船，并拟出造船预算清单、采购材料、实际造船费用清单。在开始造船之前预计成本为 136 元，但是我们造出来的船，由于船体过大过重，马达动力过小无法驱动，所以在修改船体时出现了争议，结构设计师和外观设计师无法就修改方案达成一致意见，一个要把船头做成尖的，一个非要做成圆的，谁也说服不了谁，还企图用拳头来解决问题。最后，在周老师的调解下，我们四人小队被拆成了二人小队，造了两艘船——镇魂 1 号和镇魂 2 号，结构设计师和外观设计师都实现了他们的造船梦想。但是这样导致造船成本超出了预算。由于是第一次造船，很多方面考虑不周全，也造成了一定的材料浪费，导致成本增加。我非常感谢"未来船舶工程师"这个项目，它让我学到了很多课本以外的知识和方法，也懂得了如何去跟别人合作，让我比以前自信了很多，我非常喜欢"未来船舶工程师"这个项目。接下来，有请我的队友毛政霖发言。

毛政霖：大家好，我是刚刚田玲可同学说的非要把船头改成圆形的结构设计师毛政霖，后来成了镇魂 2 号的结构设计师兼动力设计师和外观设计师。在项目进入图纸设计阶段，我就成了老师最喜欢"追"的学生——老是"追"着我回家。每次项目课程放学后，我都想继续做，所以每次都是 6 点以后才回家，尤其材料超市开放以后，我巴不得一天就把船做出来，然后放到水里测试。可是当第一艘船造出来后，样子很丑，还无法驱动，但是我很坚持自己的修改意见，所以我跟搭档闹掰了。有了第一艘的造船经验，后来我自己独立造了一艘船，这艘船获得了全班载重量第一名，同时被授予"最佳结构设计"称号，我感到特别开心。周老师没有因为我与同学之间的矛盾而否定我的成绩和努力。但是后来我也觉得自己做得不对，团队合作是很重要的，如果给我再来一次的机会，我会想办法与同学友好合作。感谢"未来船舶工程师"项目带给我的成长。

张晋楠：大家好，我是六年级三班的张晋楠，担任吞海队的动力设计师。还记得项目刚开始时，周老师给我们看了中国自主研发的第一艘节能超大型巨轮——远福洋轮，我被深深吸引了，不由得对船舶工程师肃然起敬。我也期待自己能成为那样的人，所以我非常喜欢这个课程，非常期待每周一、三、四的延时课都。这次项目课程中，我的收获非常多，不仅开阔了自己的眼界，学到了很多关于船的知识，还学会了画简单的图纸，以及很多工具的使用，比如钢锯、泡沫切割机、激光雕刻机、热熔胶枪、3D 打印笔等。我们的设计方案是造一艘能够智能避碰的船，但是后来没能接上掌控板，虽然经过多次修改，也只是实现了载重的基本功能，这让我认识到：设计与实际制作之间是有差距的，就像理想与现实之间有差距一样。虽然我们第一次造的船只实现了基本功能，样子也有点丑，但它完全是用我们自己的双手做出来的，所以它在我心中是完美的。感谢项目课程带给我的成长，它教会了我在生活和学习中要不怕困难，努力创造。我相信，终有一天，我们会像周老师说的那样，创造出属于自己的超级巨轮，从此扬帆起航！谢谢大家！

（玉带山小学第四届教学成果学术年会学生论坛，指导教师：周娟）

附 录

2016 年 9 月—2021 年 6 月科技获奖统计

序号	姓名	获奖名称	获奖等级	获奖时间	指导教师
1	谭嘉鑫	重庆市第四届青少年创新思维大赛创新挑战类	市一等奖	2016.11	周娟（小）
2	刘昱辰	重庆市第四届青少年创新思维大赛创新挑战类	市一等奖	2016.11	周娟（小）
3	王梓臣	重庆市第四届青少年创新思维大赛创新挑战类	市一等奖	2016.11	周娟（小）
4	吴承灿	重庆市第四届青少年创新思维大赛创新挑战类	市一等奖	2016.11	周娟（小）
5	刘婉清	重庆市第四届青少年创新思维大赛创新挑战类 C 艺术类	市三等奖	2016.11	付廷英、冯蕾、袁玉婷
6	钱艺心	重庆市第四届青少年创新思维大赛创新挑战类 C 艺术类	市三等奖	2016.11	付廷英、冯蕾、袁玉婷
7	江欣遥	重庆市第四届青少年创新思维大赛创新挑战类 C 艺术类	市三等奖	2016.11	付廷英、冯蕾、袁玉婷
8	岳建宏	重庆市第四届青少年创新思维大赛创新挑战类 C 艺术类	市三等奖	2016.11	付廷英、冯蕾、袁玉婷
9	代家豪	重庆市第四届青少年创新思维大赛创新挑战类 C 艺术类	市三等奖	2016.11	付廷英、冯蕾、袁玉婷
10	王帅	重庆市第四届青少年创新思维大赛创新挑战类 E 结构类	市第三名	2016.11	简洁、申志、陈英
11	蒋欣雨	重庆市第四届青少年创新思维大赛创新挑战类 E 结构类	市第三名	2016.11	简洁、申志、陈英
12	潘思成	重庆市第四届青少年创新思维大赛创新挑战类 E 结构类	市第三名	2016.11	简洁、申志、陈英
13	赵辰连	重庆市第四届青少年创新思维大赛创新挑战类 E 结构类	市第三名	2016.11	简洁、申志、陈英
14	万语嫣	重庆市第四届青少年创新思维大赛创新挑战类 E 结构类	市第三名	2016.11	简洁、申志、陈英
15	徐翌宸	重庆市第四届青少年创新思维大赛创新挑战类 E 结构类	市第三名	2016.11	简洁、申志、陈英
16	徐畅	第三届重庆市梦想课堂·自然笔记大赛	入围奖	2016.12	张鑫
17	孟钰昆	第三届重庆市梦想课堂·自然笔记大赛	入围奖	2016.12	吴晓蓉
18	张一诺	第三届重庆市梦想课堂·自然笔记大赛	入围奖	2016.12	吴晓蓉

序号	姓名	获奖名称	获奖等级	获奖时间	指导教师
19	王雅萱	第三届重庆市梦想课堂·自然笔记大赛	入围奖	2016.12	唐莉
20	郭诗懿	第三届重庆市梦想课堂·自然笔记大赛	入围奖	2016.12	唐莉
21	钟俊艺	第三届重庆市梦想课堂·自然笔记大赛	入围奖	2016.12	唐莉
22	陈珠煜	第三届重庆市梦想课堂·自然笔记大赛	入围奖	2016.12	卓伟
23	廖千荟	第三届重庆市梦想课堂·自然笔记大赛	入围奖	2016.12	卓伟
24	潘思成	第十一届 DI 青少年创新思维大赛全国总决赛	全国二等奖	2016.12	周娟（小）
25	易子婷	第十一届 DI 青少年创新思维大赛全国总决赛	全国二等奖	2016.12	周娟（小）
26	谭嘉鑫	第十一届 DI 青少年创新思维大赛全国总决赛	全国二等奖	2016.12	周娟（小）
27	刘昱辰	第十一届 DI 青少年创新思维大赛全国总决赛	全国二等奖	2016.12	周娟（小）
28	徐翌宸	第十一届 DI 青少年创新思维大赛全国总决赛	全国二等奖	2016.12	周娟（小）
29	吴承灿	第十一届 DI 青少年创新思维大赛全国总决赛	全国二等奖	2016.12	周娟（小）
30	涂楚铭	第十一届 DI 青少年创新思维大赛全国总决赛	全国二等奖	2017.01	张俊锋
31	刘天玥	第十一届 DI 青少年创新思维大赛全国总决赛	全国二等奖	2017.01	张俊锋
32	王睿林	第十一届 DI 青少年创新思维大赛全国总决赛	全国二等奖	2017.01	张俊锋
33	王姝蔼	第十一届 DI 青少年创新思维大赛全国总决赛	全国二等奖	2017.01	张俊锋
34	王俊豪	第十一届 DI 青少年创新思维大赛全国总决赛	全国二等奖	2017.01	张俊锋
35	雍江渝	第十一届 DI 青少年创新思维大赛全国总决赛	全国二等奖	2017.01	张俊锋
36	杨欣于	江北区第一届智力运动会	区三等奖	2017.01	吴晓容
37	王雅	江北区第一届智力运动会	区三等奖	2017.01	吴晓容

续表

序号	姓名	获奖名称	获奖等级	获奖时间	指导教师
38	罗琴月	江北区第一届智力运动会	区三等奖	2017.01	吴晓容
39	郭阳	重庆市第十三届"争当小实验家"活动	市三等奖	2017.01	唐莉
40	胡展妍	重庆市第十三届"争当小实验家"活动	市三等奖	2017.01	唐莉
41	刘一鸣	重庆市第十三届"争当小实验家"活动	市三等奖	2017.01	唐莉
42	程思涵	重庆市第十三届"争当小实验家"活动	市三等奖	2017.01	张俊锋
43	衡厚霖	重庆市第十三届"争当小实验家"活动	市一等奖	2017.01	张俊锋
44	潘思成	第九届"创意江北杯"青少年科技创新大赛暨第二届江北区"少年创客"大赛	区一等奖	2017.03	周娟（小）
45	谭嘉鑫	第九届"创意江北杯"青少年科技创新大赛暨第二届江北区"少年创客"大赛	区一等奖	2017.03	周娟（小）
46	刘天玥	第九届"创意江北杯"青少年科技创新大赛暨第二届江北区"少年创客"大赛	区一等奖	2017.03	周娟（小）
47	徐翌宸	第九届"创意江北杯"青少年科技创新大赛暨第二届江北区"少年创客"大赛	区一等奖	2017.03	周娟（小）
48	廖千荟	第九届"创意江北杯"青少年科技创新大赛暨第二届江北区"少年创客"大赛	区一等奖	2017.03	周娟（小）
49	陈思语	第九届"创意江北杯"青少年科技创新大赛暨第二届江北区"少年创客"大赛	区一等奖	2017.03	周娟（小）
50	潘思成	第九届"创意江北杯"青少年科技创新大赛暨第二届江北区"少年创客"大赛	区一等奖	2017.03	周娟（小）
51	谭嘉鑫	第九届"创意江北杯"青少年科技创新大赛暨第二届江北区"少年创客"大赛	区一等奖	2017.03	周娟（小）

序号	姓名	获奖名称	获奖等级	获奖时间	指导教师
52	刘天玥	第九届"创意江北杯"青少年科技创新大赛暨第二届江北区"少年创客"大赛	区一等奖	2017.03	周娟（小）
53	徐翌宸	第九届"创意江北杯"青少年科技创新大赛暨第二届江北区"少年创客"大赛	区一等奖	2017.03	周娟（小）
54	廖千荟	第九届"创意江北杯"青少年科技创新大赛暨第二届江北区"少年创客"大赛	区一等奖	2017.03	周娟（小）
55	陈思语	第九届"创意江北杯"青少年科技创新大赛暨第二届江北区"少年创客"大赛	区一等奖	2017.03	周娟（小）
56	代文怡	第九届"创意江北杯"青少年科技创新大赛暨第二届江北区"少年创客"大赛	区三等奖	2017.03	马婷
57	刘炫	第九届"创意江北杯"青少年科技创新大赛暨第二届江北区"少年创客"大赛	区三等奖	2017.03	马婷
58	王晋渝	第九届"创意江北杯"青少年科技创新大赛暨第二届江北区"少年创客"大赛	区三等奖	2017.03	马婷
59	杜诗淇	第一届中小学智力运动会飞叠杯	区二等奖	2017.04	唐莉
60	刘旭	第一届中小学智力运动会飞叠杯	区二等奖	2017.04	唐莉
61	苏诗涵	第一届中小学智力运动会飞叠杯	区二等奖	2017.04	唐莉
62	钟宇航	第一届中小学智力运动会飞叠杯	区二等奖	2017.04	付廷英
63	陈思言	第一届中小学智力运动会飞叠杯	区二等奖	2017.04	付廷英
64	蒲玉容	第一届中小学智力运动会飞叠杯	区二等奖	2017.04	付廷英
65	张艺涵	第一届中小学智力运动会飞叠杯	区二等奖	2017.04	张俊锋
66	杨紫涵	第一届中小学智力运动会飞叠杯	区二等奖	2017.04	张俊锋
67	贺瞿涵	第一届中小学智力运动会飞叠杯	区二等奖	2017.04	张俊锋
68	王露	第一届中小学智力运动会飞叠杯	区三等奖	2017.04	郑静
69	梁蓝尹	第一届中小学智力运动会飞叠杯	区三等奖	2017.04	郑静
70	何崇耀	第一届中小学智力运动会飞叠杯	区三等奖	2017.04	郑静
71	赵玲妍	第一届中小学智力运动会飞叠杯	区三等奖	2017.04	郑静
72	赵柏高	第一届中小学智力运动会飞叠杯	区三等奖	2017.04	郑静
73	万星汝	第一届中小学智力运动会飞叠杯	区三等奖	2017.04	钱黎红

续表

序号	姓名	获奖名称	获奖等级	获奖时间	指导教师
74	倪尉翔	第一届中小学智力运动会飞叠杯	区三等奖	2017.04	钱黎红
75	陈洛彬	第一届中小学智力运动会飞叠杯	区三等奖	2017.04	周娟
76	余昊男	第一届中小学智力运动会飞叠杯	区三等奖	2017.04	周娟
77	赵柏高	第一届中小学智力运动会飞叠杯	区一等奖	2017.04	郑静
78	甘宁	第一届中小学智力运动会飞叠杯	区一等奖	2017.04	郑静
79	邹运秋	第一届中小学智力运动会飞叠杯	区一等奖	2017.04	郑静
80	李宣霖	第一届中小学智力运动会飞叠杯	区一等奖	2017.04	马婷
81	陈渝	第一届中小学智力运动会飞叠杯	区一等奖	2017.04	马婷
82	郑晴晴	第一届中小学智力运动会飞叠杯	区一等奖	2017.04	周娟
83	赵润茜	第一届中小学智力运动会飞叠杯	区一等奖	2017.04	付廷英
84	袁圆	第一届中小学智力运动会飞叠杯	区一等奖	2017.04	付廷英
85	李尧	第一届中小学智力运动会飞叠杯	区一等奖	2017.04	付廷英
86	赵润茜	第一届中小学智力运动会飞叠杯团体赛	区二等奖	2017.04	付廷英
87	陈思言	第一届中小学智力运动会飞叠杯团体赛	区二等奖	2017.04	付廷英
88	苏婧雯	第一届中小学智力运动会飞叠杯团体赛	区二等奖	2017.04	付廷英
89	袁圆	第一届中小学智力运动会飞叠杯团体赛	区二等奖	2017.04	付廷英
90	陈文曦	第一届中小学智力运动会飞叠杯团体赛	区二等奖	2017.04	付廷英
91	何崇耀	第一届中小学智力运动会飞叠杯团体赛	区一等奖	2017.04	郑静
92	李宣霖	第一届中小学智力运动会飞叠杯团体赛	区一等奖	2017.04	郑静
93	陈渝	第一届中小学智力运动会飞叠杯团体赛	区一等奖	2017.04	郑静
94	左俊彦	第一届中小学智力运动会飞叠杯团体赛	区一等奖	2017.04	郑静
95	甘宁	第一届中小学智力运动会飞叠杯团体赛	区一等奖	2017.04	郑静
96	洪芸熙	第一届中小学智力运动会魔方	区三等奖	2017.04	谭孙妤
97	袁帅	第一届中小学智力运动会魔方	区三等奖	2017.04	谭孙妤
98	夏忱宏	第一届中小学智力运动会魔方	区三等奖	2017.04	谭孙妤

序号	姓名	获奖名称	获奖等级	获奖时间	指导教师
99	夏何玉麒	第一届中小学智力运动会魔方	区一等奖	2017.04	付廷英
100	伍志浩	第二届重庆市科学素养大赛	创新潜力奖	2017.05	唐莉
101	刘力铭	第二届重庆市科学素养大赛	创新潜力奖	2017.05	唐莉
102	杜美霖	第二届重庆市科学素养大赛	创新潜力奖	2017.05	唐莉
103	黄浩	第二届重庆市科学素养大赛	创新潜力奖	2017.05	唐莉
104	张博涵	第二届重庆市科学素养大赛	创新潜力奖	2017.05	唐莉
105	付雪峰	第二届重庆市科学素养大赛	创新潜力奖	2017.05	唐莉
106	刘天玥	第十七届中国青少年机器人竞赛"孤胆英雄"	市三等奖	2017.05	张俊锋
107	彭桢皓	第十七届中国青少年机器人竞赛"孤胆英雄"	市三等奖	2017.05	张俊锋
108	苏婧雯	小课题大思维	市一等奖	2017.05	付廷英、刘东洋
109	钟宇航	小课题大思维	市一等奖	2017.05	付廷英、刘东洋
110	夏何玉麒	小课题大思维	市一等奖	2017.05	付廷英、刘东洋
111	张乐	小课题大思维	市一等奖	2017.05	付廷英、刘东洋
112	廖千荟	小课题大思维	市一等奖	2017.05	付廷英、刘东洋
113	钟傲雪	第一届中小学智力运动会魔方	市三等奖	2017.07	张俊锋
114	刘天玥	第八届江北区青少年科技创新区长奖评选	区长奖提名奖	2017.12	李轶
115	胡桢黎	2017 年江北区科技模型大赛	区三等奖	2017.12	申志
116	吕雨桐	第 13 届青少年走近科学世界"科学实验嘉年华"全国展示活动	全国银奖	2017.12	唐莉
117	胡桢黎	第 28 届重庆市青少年科技模型大赛	市一等奖	2018.01	申志
118	岳建宏	第四届重庆市梦想课堂．自然笔记大赛	市入围奖	2018.01	马婷
119	张艺玲	第四届重庆市梦想课堂．自然笔记大赛	市入围奖	2018.01	马婷

续表

序号	姓名	获奖名称	获奖等级	获奖时间	指导教师
120	王姝蔼	第四届重庆市梦想课堂．自然笔记大赛	市入围奖	2018.01	马婷
121	郑晴晴	第四届重庆市梦想课堂．自然笔记大赛	市入围奖	2018.01	马婷
122	樊蕊嘉	第四届重庆市梦想课堂．自然笔记大赛	市入围奖	2018.01	唐莉
123	李雨柯	第四届重庆市梦想课堂．自然笔记大赛	市入围奖	2018.01	马婷
124	何可伊	第四届重庆市梦想课堂．自然笔记大赛	市入围奖	2018.01	马婷
125	徐艺珂	第四届重庆市梦想课堂．自然笔记大赛	市入围奖	2018.01	马婷
126	李静雨	第四届重庆市梦想课堂．自然笔记大赛	市入围奖	2018.01	马婷
127	赵心榆	第四届重庆市梦想课堂．自然笔记大赛	市入围奖	2018.01	郑静
128	赵韵涵	重庆市第14届少年儿童"争当小实验家"科学体验活动	市二等奖	2018.01	唐莉
129	毛政霖	重庆市第14届少年儿童"争当小实验家"科学体验活动	市三等奖	2018.01	唐莉
130	吕雨桐	重庆市第14届少年儿童"争当小实验家"科学体验活动	市一等奖	2018.01	唐莉
131	龚奥栩	2018年第十届"创意江北杯"大赛创造发明项目	区二等奖	2018.04	唐莉
132	刘煜峰	2018年第十届"创意江北杯"大赛科幻绘画项目	区二等奖	2018.04	罗伊
133	胡桢黎	2018年第十届"创意江北杯"大赛科幻绘画项目	区二等奖	2018.04	杨瑶
134	胡桢黎	2018年第十届"创意江北杯"大赛科学研究论文项目	区二等奖	2018.04	杨瑶
135	陈星翰	2018年第十届"创意江北杯"大赛科学研究论文项目	区三等奖	2018.04	张文静
136	古原州	2018年第十届"创意江北杯"大赛科学研究论文项目	区三等奖	2018.04	谢夕繁
137	张益晨	2018年（上半年）江北区青少年科技模型大赛航海模型项目	区三等奖	2018.05	罗世维

序号	姓名	获奖名称	获奖等级	获奖时间	指导教师
138	宋银峰	2018 年（上半年）江北区青少年科技模型大赛航海模型项目	区三等奖	2018.05	罗世维
139	高伟玄	2018 年（上半年）江北区青少年科技模型大赛航空模型项目	区二等奖	2018.05	申志
140	郭洪瑞	2018 年（上半年）江北区青少年科技模型大赛航空模型项目	区三等奖	2018.05	申志
141	文虹霖	2018 年（上半年）江北区青少年科技模型大赛航空模型项目	区三等奖	2018.05	申志
142	李青泽	2018 年（上半年）江北区青少年科技模型大赛航空模型项目	区三等奖	2018.05	申志
143	詹沛霖	2018 年（上半年）江北区青少年科技模型大赛航空模型项目	区一等奖	2018.05	申志
144	叶于华	2018 年（上半年）江北区青少年科技模型大赛结构工程模型项目	区三等奖	2018.05	马婷
145	梅于涵	2018 年江北区小学生"我是科普讲解员"大赛	区二等奖	2018.05	谷乐
146	余科麒	2018 年江北区小学生"我是科普讲解员"大赛	区三等奖	2018.05	王菁
147	胡桢黎	2018 年江北区小学生"我是科普讲解员"大赛	区一等奖	2018.05	杨瑶
148	胡桢黎	33 届重庆市青少年科技创新大赛	市一等奖	2018.05	杨瑶
149	谭晰	第 16 届全国 NOC 大赛格斗机器人项目区选拔赛	区二等奖	2018.05	张之源
150	崔家豪	第 16 届全国 NOC 大赛格斗机器人项目区选拔赛	区二等奖	2018.05	张之源
151	付子瑜	第 16 届全国 NOC 大赛格斗机器人项目区选拔赛	区二等奖	2018.05	罗世维
152	梅雨涵	第 16 届全国 NOC 大赛格斗机器人项目区选拔赛	区二等奖	2018.05	罗世维
153	龚奥栩	第 16 届全国 NOC 大赛格斗机器人项目区选拔赛	区二等奖	2018.05	张之源
154	张晏豪	第 16 届全国 NOC 大赛格斗机器人项目区选拔赛	区二等奖	2018.05	张之源
155	胡桢黎	第 16 届全国 NOC 大赛水中机器人项目区选拔赛	区一等奖	2018.05	张俊锋
156	邹雨桐	第 16 届全国 NOC 大赛水中机器人项目区选拔赛	区一等奖	2018.05	张俊锋

续表

序号	姓名	获奖名称	获奖等级	获奖时间	指导教师
157	陈星翰	第16届全国NOC大赛水中机器人项目区选拔赛	区一等奖	2018.05	张俊锋
158	张艺涵	第16届全国NOC大赛水中机器人项目区选拔赛	区一等奖	2018.05	张俊锋
159	马俊曦	第16届全国NOC大赛物流机器人项目区选拔赛	区二等奖	2018.05	马婷
160	冯怡鸣	第16届全国NOC大赛物流机器人项目区选拔赛	区二等奖	2018.05	马婷
161	姚懿恒	第16届全国NOC大赛物流机器人项目区选拔赛	区二等奖	2018.05	马婷
162	叶哲睿	第16届全国NOC大赛物流机器人项目区选拔赛	区二等奖	2018.05	马婷
163	张耘豪	第16届全国NOC大赛物流机器人项目区选拔赛	区一等奖	2018.05	向远超
164	向泓羽	第16届全国NOC大赛物流机器人项目区选拔赛	区一等奖	2018.05	向远超
165	吕雨桐	第三届重庆市青少年科学素养大赛	市二等奖	2018.05	马婷
166	杨紫涵	第十九届全国中小学电脑制作活动灭火机器人项目区选拔赛	区一等奖	2018.05	张俊锋
167	彭桢皓	第十九届全国中小学电脑制作活动灭火机器人项目区选拔赛	区一等奖	2018.05	张俊锋
168	杨金弋	第十九届全国中小学电脑制作活动足球机器人项目区选拔赛	区一等奖	2018.05	邓爽
169	涂楚铭	第十九届全国中小学电脑制作活动足球机器人项目区选拔赛	区一等奖	2018.05	邓爽
170	胡桢黎	第七届"今日教育杯"重庆市新课程小学生科学小论文征评活动	市一等奖	2018.06	张俊锋
171	付子瑜	第十六届全国NOC大赛重庆市级赛机器人格斗项目	市二等奖	2018.06	罗世维
172	梅宇涵	第十六届全国NOC大赛重庆市级赛机器人格斗项目	市二等奖	2018.06	罗世维
173	吕雨桐	第十六届全国NOC大赛重庆市级赛机器人格斗项目	市三等奖	2018.06	罗世维
174	刘翰麟	第十六届全国NOC大赛重庆市级赛机器人格斗项目	市三等奖	2018.06	罗世维

序号	姓名	获奖名称	获奖等级	获奖时间	指导教师
175	谭晰	第十六届全国 NOC 大赛重庆市级赛机器人格斗项目	市一等奖	2018.06	张之源
176	崔嘉豪	第十六届全国 NOC 大赛重庆市级赛机器人格斗项目	市一等奖	2018.06	张之源
177	陈星翰	第十六届全国 NOC 大赛重庆市级赛水中机器人项目	市二等奖	2018.06	张俊锋
178	张艺涵	第十六届全国 NOC 大赛重庆市级赛水中机器人项目	市二等奖	2018.06	张俊锋
179	邹雨桐	第十六届全国 NOC 大赛重庆市级赛水中机器人项目	市二等奖	2018.06	张俊锋
180	胡桢黎	第十六届全国 NOC 大赛重庆市级赛水中机器人项目	市二等奖	2018.06	张俊锋
181	陈康	第十六届全国 NOC 大赛重庆市级赛物流机器人项目	市二等奖	2018.06	向远超
182	杨思彤	第十六届全国 NOC 大赛重庆市级赛物流机器人项目	市二等奖	2018.06	向远超
183	唐方政	第十六届全国 NOC 大赛重庆市级赛物流机器人项目	市三等奖	2018.06	马婷
184	冯怡鸣	第十六届全国 NOC 大赛重庆市级赛物流机器人项目	市三等奖	2018.06	马婷
185	詹沛霖	29 届（上半年）重庆市青少年科技模型大赛航空模型项目	区一等奖	2018.07	申志
186	刘天玥	第 13 届全国青少年教育机器人奥林匹克竞赛机器人保龄球赛项目	全国二等奖	2018.07	张俊锋
187	彭桢皓	第 13 届全国青少年教育机器人奥林匹克竞赛机器人保龄球赛项目	全国二等奖	2018.07	张俊锋
188	杨紫涵	第 13 届全国青少年教育机器人奥林匹克竞赛机器人保龄球赛项目	全国二等奖	2018.07	张俊锋
189	杨紫涵	第 13 届全国青少年教育机器人奥林匹克竞赛机器人轨迹竞赛项目	全国三等奖	2018.07	张俊锋
190	彭桢皓	第 13 届全国青少年教育机器人奥林匹克竞赛机器人迷宫赛项目	全国二等奖	2018.07	张俊锋
191	刘天玥	第 13 届全国青少年教育机器人奥林匹克竞赛机器人迷宫赛项目	全国一等奖	2018.07	张俊锋
192	付子瑜	第 16 届全国 NOC 大赛机器人格斗项目	全国二等奖	2018.07	罗世维

续表

序号	姓名	获奖名称	获奖等级	获奖时间	指导教师
193	梅雨涵	第16届全国NOC大赛机器人格斗项目	全国二等奖	2018.07	罗世维
194	龚奥栩	第16届全国NOC大赛机器人格斗项目	全国二等奖	2018.07	张之源
195	张晏豪	第16届全国NOC大赛机器人格斗项目	全国二等奖	2018.07	张之源
196	谭晰	第16届全国NOC大赛机器人格斗项目	全国一等奖	2018.07	张之源
197	崔家豪	第16届全国NOC大赛机器人格斗项目	全国一等奖	2018.07	张之源
198	向泓宇	第16届全国NOC大赛机器人物流项目	全国二等奖	2018.07	向远超
199	张耘豪	第16届全国NOC大赛机器人物流项目	全国二等奖	2018.07	向远超
200	唐方正	第16届全国NOC大赛机器人物流项目	全国二等奖	2018.07	向远超
201	冯怡铭	第16届全国NOC大赛机器人物流项目	全国二等奖	2018.07	向远超
202	叶哲瑞	第16届全国NOC大赛机器人物流项目	全国二等奖	2018.07	马婷
203	李青泽	第16届全国NOC大赛机器人物流项目	全国二等奖	2018.07	马婷
204	陈康	第16届全国NOC大赛机器人物流项目	全国二等奖	2018.07	马婷
205	杨思彤	第16届全国NOC大赛机器人物流项目	全国二等奖	2018.07	马婷
206	胡桢黎	第16届全国NOC大赛水中机器人项目	全国三等奖	2018.07	张俊锋
207	邹雨桐	第16届全国NOC大赛水中机器人项目	全国三等奖	2018.07	张俊锋
208	陈星翰	第16届全国NOC大赛水中机器人项目	全国三等奖	2018.07	张俊锋
209	张艺涵	第16届全国NOC大赛水中机器人项目	全国三等奖	2018.07	张俊锋
210	胡桢黎	江北区"劳动小能手"评比活动	劳动小能手	2018.11	申志

序号	姓名	获奖名称	获奖等级	获奖时间	指导教师
211	胡桢黎	2018年（下半年）江北区青少年科技模型大赛车辆模型竞速赛	区一等奖	2018.12	申志
212	吕雨桐	2018年（下半年）江北区青少年科技模型大赛无人机技巧挑战赛	区三等奖	2018.12	马婷
213	谭晰	2018全国中小学生虚拟机器人创新设计与能力测评	全国一等奖	2018.12	张俊锋
214	刘天玥	第七届国际青少年教育机器人奥林匹克竞赛机器人迷宫赛项目	国际金牌	2018.12	张俊锋
215	刘天玥	第七届国际青少年教育机器人奥林匹克竞赛机器人越野赛项目	国际银牌	2018.12	张俊锋
216	玉带山小学校	第五届重庆市梦想课堂·自然笔记大赛	领头人集体奖	2019.01	周园
217	刘煜峰	第五届重庆市梦想课堂·自然笔记大赛	市二等奖	2019.01	罗伊
218	张禹哲	第五届重庆市梦想课堂·自然笔记大赛	市一等奖	2019.01	张宏兰
219	龙腾	第五届重庆市梦想课堂·自然笔记大赛	市一等奖	2019.01	王绪林
220	杨皓淳	第五届重庆市梦想课堂·自然笔记大赛	市一等奖	2019.01	朱叶彤、曾华、马婷
221	杨皓淇	第五届重庆市梦想课堂·自然笔记大赛	市一等奖	2019.01	朱叶彤、曾华、马婷
222	詹沛霖	第五届重庆市梦想课堂·自然笔记大赛	市优秀奖	2019.01	周娟大
223	曾思维	第五届重庆市梦想课堂·自然笔记大赛	市优秀奖	2019.01	王昌群
224	罗展鹏	2019FPSPI未来问题解决全国展评活动"社区问题解决"人性化服务类	全国第一名	2019.03	赵子苇、毛晴寒、胡保玲
225	罗钰婷	2019FPSPI未来问题解决全国展评活动"社区问题解决"人性化服务类	全国第一名	2019.03	赵子苇、毛晴寒、胡保玲
226	向锦怡	2019FPSPI未来问题解决全国展评活动"社区问题解决"人性化服务类	全国第一名	2019.03	赵子苇、毛晴寒、胡保玲
227	姚懿恒	2019FPSPI未来问题解决全国展评活动"社区问题解决"人性化服务类	全国第一名	2019.03	赵子苇、毛晴寒、胡保玲
228	孙子娴	2019FPSPI未来问题解决全国展评活动"社区问题解决"人性化服务类	全国第一名	2019.03	赵子苇、毛晴寒、胡保玲

续表

序号	姓名	获奖名称	获奖等级	获奖时间	指导教师
229	邹竹翔	2019年第十一届"创意江北杯"青少年科技创新大赛暨第四届江北区"少年创客"大赛	区二等奖	2019.03	马婷、周园
230	汪靖博	2019年第十一届"创意江北杯"青少年科技创新大赛暨第四届江北区"少年创客"大赛	区二等奖	2019.03	向思洁
231	李宛鸿	2019年第十一届"创意江北杯"青少年科技创新大赛暨第四届江北区"少年创客"大赛	区三等奖	2019.03	曾余菊
232	刘煜峰	2019年第十一届"创意江北杯"青少年科技创新大赛暨第四届江北区"少年创客"大赛	区三等奖	2019.03	李念
233	詹沛霖	2019年第十一届"创意江北杯"青少年科技创新大赛暨第四届江北区"少年创客"大赛	区一等奖	2019.03	马婷
234	吴煜涵	2019年第十一届"创意江北杯"青少年科技创新大赛暨第四届江北区"少年创客"大赛	区一等奖	2019.03	唐莉
235	吴俊池	2019年上半年江北区青少年科技模型大赛	区二等奖	2019.06	申志
236	吴雨桐	2019年上半年江北区青少年科技模型大赛	区二等奖	2019.06	申志
237	李诗琦	2019年上半年江北区青少年科技模型大赛	区三等奖	2019.06	申志
238	龚湘焱	2019年上半年江北区青少年科技模型大赛	区三等奖	2019.06	申志
239	杜妍睿	2019年上半年江北区青少年科技模型大赛	区三等奖	2019.06	申志
240	郭洪睿	2019年上半年江北区青少年科技模型大赛	区三等奖	2019.06	申志
241	杨思彤	2019年上半年江北区青少年科技模型大赛	区三等奖	2019.06	申志
242	林辉豪	2019年上半年江北区青少年科技模型大赛	区三等奖	2019.06	马婷
243	马珂煜	2019年上半年江北区青少年科技模型大赛	区三等奖	2019.06	唐莉

序号	姓名	获奖名称	获奖等级	获奖时间	指导教师
244	李宛鸿	2019年上半年江北区青少年科技模型大赛	区一等奖	2019.06	申志
245	詹沛霖	2019年重庆市青少年创意编程活动	市三等奖	2019.06	马婷
246	李宛鸿	第30届上半年重庆市青少年科技模型大赛	市二等奖	2019.06	申志
247	杨紫涵	第二十届全国中小学电脑制作活动小学组WER能力挑战赛	区三等奖	2019.06	马婷
248	吕雨桐	第二十届全国中小学电脑制作活动小学组WER能力挑战赛	区三等奖	2019.06	马婷
249	胡敬涵	第二十届全国中小学电脑制作活动小学组WER能力挑战赛	区三等奖	2019.06	马婷
250	唐京	第二十届全国中小学电脑制作活动小学组WER能力挑战赛	区三等奖	2019.06	马婷
251	龚奥栩	第二十届全国中小学电脑制作活动小学组机器人足球赛	区一等奖	2019.06	张俊锋
252	吴煜涵	第二十届全国中小学电脑制作活动小学组机器人足球赛	区一等奖	2019.06	张俊锋
253	龚奥栩	第二十届全国中小学电脑制作活动小学组机器人足球赛	市一等奖	2019.06	张俊锋
254	吴煜涵	第二十届全国中小学电脑制作活动小学组机器人足球赛	市一等奖	2019.06	张俊锋
255	童坤维	第二十届全国中小学电脑制作活动小学组计算机程序设计赛	区三等奖	2019.06	张俊锋
256	童坤维	第二十届全国中小学电脑制作活动小学组计算机程序设计赛	市二等奖	2019.06	张俊锋
257	龚裕如	第十七届全国NOC大赛3D只能作品创作赛项	市二等奖	2019.06	毛晴寒
258	李高丞	第十七届全国NOC大赛3D只能作品创作赛项	市二等奖	2019.06	赵子苇
259	邵涵宇	第十七届全国NOC大赛FEG智能车赛项	市三等奖	2019.06	罗世维
260	程厚毓	第十七届全国NOC大赛FEG智能车赛项	市三等奖	2019.06	罗世维
261	吕雨桐	第十七届全国NOC大赛FEG智能车赛项	市三等奖	2019.06	罗世维
262	杨紫涵	第十七届全国NOC大赛FEG智能车赛项	市三等奖	2019.06	邓艳君

续表

序号	姓名	获奖名称	获奖等级	获奖时间	指导教师
263	赵韵涵	第十七届全国 NOC 大赛 FEG 智能车赛项	市三等奖	2019.06	邓艳君
264	刘天玥	第十七届全国 NOC 大赛 FEG 智能车赛项	市三等奖	2019.06	邓艳君
265	邓攀	第十七届全国 NOC 大赛互动编程赛项	市一等奖	2019.06	赵子苇
266	薛皓天	第十七届全国 NOC 大赛互动编程赛项	市一等奖	2019.06	赵子苇
267	黄予晨	第十七届全国 NOC 大赛互动编程赛项	市一等奖	2019.06	赵子苇
268	曹书豪	第十七届全国 NOC 大赛互动编程赛项	市一等奖	2019.06	赵子苇
269	谭晰	第十七届全国 NOC 大赛机器人格斗赛项	市二等奖	2019.06	张之源
270	陈诗雨	第十七届全国 NOC 大赛机器人格斗赛项	市二等奖	2019.06	张之源
271	张耘豪	第十七届全国 NOC 大赛机器人格斗赛项	市三等奖	2019.06	张之源
272	向泓羽	第十七届全国 NOC 大赛机器人格斗赛项	市三等奖	2019.06	张之源
273	叶哲瑞	第十七届全国 NOC 大赛机器人平衡车赛项	市二等奖	2019.06	唐莉
274	冯怡铭	第十七届全国 NOC 大赛机器人平衡车赛项	市二等奖	2019.06	唐莉
275	邓珊	第十七届全国 NOC 大赛机器人平衡车赛项	市三等奖	2019.06	周园
276	胡紫宸	第十七届全国 NOC 大赛机器人平衡车赛项	市三等奖	2019.06	周园
277	邹雨彤	第十七届全国 NOC 大赛水中机器人赛项	市一等奖	2019.06	张俊锋
278	吴煜涵	第十七届全国 NOC 大赛水中机器人赛项	市一等奖	2019.06	张俊锋
279	龚奥栩	第十七届全国 NOC 大赛水中机器人赛项	市一等奖	2019.06	张俊锋
280	陈菁悦	第十七届全国 NOC 大赛水中机器人赛项	市一等奖	2019.06	张俊锋

序号	姓名	获奖名称	获奖等级	获奖时间	指导教师
281	崔家豪	第十七届全国 NOC 大赛物联网创新设计赛项	市二等奖	2019.06	申志
282	张传浩	第十七届全国 NOC 大赛物联网创新设计赛项	市二等奖	2019.06	申志
283	李思奇	第十七届全国 NOC 大赛物联网创新设计赛项	市二等奖	2019.06	申志
284	张艺涵	第十七届全国 NOC 大赛物联网创新设计赛项	市一等奖	2019.06	张俊锋
285	李青泽	第十七届全国 NOC 大赛物联网创新设计赛项	市一等奖	2019.06	张俊锋
286	傅梓皓	第十七届全国 NOC 大赛物流机器人赛项	市二等奖	2019.06	向远超
287	谭皓阳	第十七届全国 NOC 大赛物流机器人赛项	市二等奖	2019.06	向远超
288	王泽霖	第十七届全国 NOC 大赛物流机器人赛项	市一等奖	2019.06	向远超
289	杨一帆	第十七届全国 NOC 大赛物流机器人赛项	市一等奖	2019.06	向远超
290	龚裕茹	第十七届全国 NOC 大赛 3D 智能作品创作赛项	区二等奖	2019.06	毛晴寒
291	谭晰	第十七届全国 NOC 大赛小学组格斗机器人	区三等奖	2019.06	张之源
292	陈诗雨	第十七届全国 NOC 大赛小学组格斗机器人	区三等奖	2019.06	张之源
293	黄予晨	第十七届全国 NOC 大赛小学组互动编程	区二等奖	2019.06	赵子苇
294	曹书豪	第十七届全国 NOC 大赛小学组互动编程	区二等奖	2019.06	赵子苇
295	邓攀	第十七届全国 NOC 大赛小学组互动编程	区一等奖	2019.06	赵子苇
296	薛皓天	第十七届全国 NOC 大赛小学组互动编程	区一等奖	2019.06	赵子苇
297	叶哲睿	第十七届全国 NOC 大赛小学组机器人平衡车	区三等奖	2019.06	唐莉
298	冯怡鸣	第十七届全国 NOC 大赛小学组机器人平衡车	区三等奖	2019.06	唐莉

续表

序号	姓名	获奖名称	获奖等级	获奖时间	指导教师
299	李思齐	第十七届全国 NOC 大赛小学组物联网创新设计	区二等奖	2019.06	申志
300	张传浩	第十七届全国 NOC 大赛小学组物联网创新设计	区二等奖	2019.06	申志
301	崔佳豪	第十七届全国 NOC 大赛小学组物联网创新设计	区三等奖	2019.06	申志
302	张艺涵	第十七届全国 NOC 大赛小学组物联网创新设计	区一等奖	2019.06	张俊锋
303	李青泽	第十七届全国 NOC 大赛小学组物联网创新设计	区一等奖	2019.06	张俊锋
304	王泽霖	第十七届全国 NOC 大赛小学组物流机器人	区二等奖	2019.06	向远超
305	杨一帆	第十七届全国 NOC 大赛小学组物流机器人	区二等奖	2019.06	向远超
306	傅籽皓	第十七届全国 NOC 大赛小学组物流机器人	区三等奖	2019.06	向远超
307	谭皓阳	第十七届全国 NOC 大赛小学组物流机器人	区三等奖	2019.06	向远超
308	龚裕如	第十七届全国 NOC 大赛 3D 智能作品创作赛项	全国三等奖	2019.07	毛晴寒
309	邵涵宇	第十七届全国 NOC 大赛 FEG 智能车赛项	全国三等奖	2019.07	罗世维
310	程厚毓	第十七届全国 NOC 大赛 FEG 智能车赛项	全国三等奖	2019.07	罗世维
311	吕雨桐	第十七届全国 NOC 大赛 FEG 智能车赛项	全国三等奖	2019.07	罗世维
312	杨紫涵	第十七届全国 NOC 大赛 FEG 智能车赛项	全国三等奖	2019.07	周园
313	赵韵涵	第十七届全国 NOC 大赛 FEG 智能车赛项	全国三等奖	2019.07	周园
314	刘天玥	第十七届全国 NOC 大赛 FEG 智能车赛项	全国三等奖	2019.07	周园
315	邓攀	第十七届全国 NOC 大赛互动编程赛项	全国二等奖	2019.07	赵子苇
316	薛皓天	第十七届全国 NOC 大赛互动编程赛项	全国二等奖	2019.07	赵子苇

序号	姓名	获奖名称	获奖等级	获奖时间	指导教师
317	黄予晨	第十七届全国 NOC 大赛互动编程赛项	全国二等奖	2019.07	赵子苇
318	曹书豪	第十七届全国 NOC 大赛互动编程赛项	全国二等奖	2019.07	赵子苇
319	谭晰	第十七届全国 NOC 大赛机器人格斗赛项	全国二等奖	2019.07	张之源
320	陈诗雨	第十七届全国 NOC 大赛机器人格斗赛项	全国二等奖	2019.07	张之源
321	邹雨彤	第十七届全国 NOC 大赛水中机器人赛项	全国一等奖	2019.07	张俊锋
322	吴煜涵	第十七届全国 NOC 大赛水中机器人赛项	全国一等奖	2019.07	张俊锋
323	龚奥栩	第十七届全国 NOC 大赛水中机器人赛项	全国一等奖	2019.07	张俊锋
324	陈菁悦	第十七届全国 NOC 大赛水中机器人赛项	全国一等奖	2019.07	张俊锋
325	张艺涵	第十七届全国 NOC 大赛物联网创新设计赛项	全国二等奖	2019.07	张俊锋
326	李青泽	第十七届全国 NOC 大赛物联网创新设计赛项	全国二等奖	2019.07	张俊锋
327	崔家豪	第十七届全国 NOC 大赛物联网创新设计赛项	全国二等奖	2019.07	申志
328	张传浩	第十七届全国 NOC 大赛物联网创新设计赛项	全国二等奖	2019.07	申志
329	李思奇	第十七届全国 NOC 大赛物联网创新设计赛项	全国二等奖	2019.07	申志
330	王泽霖	第十七届全国 NOC 大赛物流机器人赛项	全国二等奖	2019.07	向远超
331	杨一帆	第十七届全国 NOC 大赛物流机器人赛项	全国二等奖	2019.07	向远超
332	傅梓皓	第十七届全国 NOC 大赛物流机器人赛项	全国二等奖	2019.07	向远超
333	谭皓阳	第十七届全国 NOC 大赛物流机器人赛项	全国二等奖	2019.07	向远超
334	张耘豪	第十七届全国 NOC 大赛智能餐饮机器人赛项	全国一等奖	2019.07	张之源

续表

序号	姓名	获奖名称	获奖等级	获奖时间	指导教师
335	向鸿羽	第十七届全国 NOC 大赛智能餐饮机器人赛项	全国一等奖	2019.07	向远超
336	胡桢黎	第十届江北区青少年科技创新区长奖	区长奖	2019.08	杨瑶
337	龚奥栩	首届重庆市青少年"人工智能－机器人"创新挑战赛	市二等奖	2019.12	张俊锋
338	邹雨桐	首届重庆市青少年"人工智能－机器人"创新挑战赛	市二等奖	2019.12	张俊锋
339	谭晰	首届重庆市青少年"人工智能－机器人"创新挑战赛	市三等奖	2019.12	申志
340	傅籽皓	首届重庆市青少年"人工智能－机器人"创新挑战赛	市三等奖	2019.12	申志
341	王泽霖	首届重庆市青少年"人工智能－机器人"创新挑战赛	市三等奖	2019.12	向远超
342	张艺涵	首届重庆市青少年"人工智能－机器人"创新挑战赛	市三等奖	2019.12	向远超
343	玉带山小学校	首届重庆市青少年"人工智能－机器人"创新挑战赛	优秀学校	2019.12	周园
344	张艺涵	第 35 届重庆市青少年科技创新大赛	区二等奖	2020.05	张俊锋
345	龚奥栩	第 35 届重庆市青少年科技创新大赛	区二等奖	2020.05	张俊锋
346	詹沛霖	第 35 届重庆市青少年科技创新大赛	区二等奖	2020.05	马婷
347	李悦庭	第 35 届重庆市青少年科技创新大赛	区二等奖	2020.05	冉娅妮
348	吴煜涵	第 35 届重庆市青少年科技创新大赛	区三等奖	2020.05	张文静、马婷
349	彭园媛	第 35 届重庆市青少年科技创新大赛	区三等奖	2020.05	曾华
350	曹展博	第 35 届重庆市青少年科技创新大赛	区三等奖	2020.05	李念
351	张艺涵	第 35 届重庆市青少年科技创新大赛	区一等奖	2020.05	张俊锋
352	龚奥栩	第 35 届重庆市青少年科技创新大赛	区一等奖	2020.05	张俊锋
353	龚奥栩	第 35 届重庆市青少年科技创新大赛	市三等奖	2020.05	张俊锋
354	陈菁悦	第 35 届重庆市青少年科技创新大赛	市三等奖	2020.05	张俊锋
355	张艺涵	第 35 届重庆市青少年科技创新大赛	市一等奖	2020.05	张俊锋
356	向泓羽	第 35 届重庆市青少年科技创新大赛	市一等奖	2020.05	张俊锋
357	吴家豪	第六届重庆市梦想课堂.自然笔记大赛	入围奖	2020.05	周园
358	李青蔓	第六届重庆市梦想课堂.自然笔记大赛	入围奖	2020.05	周小晴

续表

序号	姓名	获奖名称	获奖等级	获奖时间	指导教师
359	唐梓童	第六届重庆市梦想课堂.自然笔记大赛	入围奖	2020.05	周娟
360	裴星	第六届重庆市梦想课堂.自然笔记大赛	入围奖	2020.05	张华娟
361	刘熙	第六届重庆市梦想课堂.自然笔记大赛	入围奖	2020.05	周园
362	谭郝然	第六届重庆市梦想课堂.自然笔记大赛	入围奖	2020.05	周园
363	曹展博	第六届重庆市梦想课堂.自然笔记大赛	入围奖	2020.05	周园
364	詹沛霖	第六届重庆市梦想课堂.自然笔记大赛	入围奖	2020.05	马婷
365	廖圣煊	第六届重庆市梦想课堂.自然笔记大赛	入围奖	2020.05	陈娟
366	彭红霞	第六届重庆市梦想课堂.自然笔记大赛	入围奖	2020.05	周园
367	刘静逸	第六届重庆市梦想课堂.自然笔记大赛	入围奖	2020.05	周小晴
368	周晋仪	第六届重庆市梦想课堂.自然笔记大赛	入围奖	2020.05	包娟
369	解艾伊	第六届重庆市梦想课堂.自然笔记大赛	入围奖	2020.05	包娟
370	吕雨桐	第六届重庆市梦想课堂.自然笔记大赛	入围奖	2020.05	周园
371	刘璐菡	第六届重庆市梦想课堂.自然笔记大赛	入围奖	2020.05	包娟
372	肖睿可	第六届重庆市梦想课堂.自然笔记大赛	入围奖	2020.05	罗世维
373	胡竞月	第六届重庆市梦想课堂.自然笔记大赛	入围奖	2020.05	付廷英
374	陈禹璁	第六届重庆市梦想课堂.自然笔记大赛	入围奖	2020.05	郑静
375	殷可凡	第六届重庆市梦想课堂.自然笔记大赛	市二等奖	2020.05	肖舒兰
376	蒋林轩	重庆市第七届青少年创新思维大赛	第二名	2020.05	叶若茗、王绪林、温子莹

续表

序号	姓名	获奖名称	获奖等级	获奖时间	指导教师
377	刘付婧涵	重庆市第七届青少年创新思维大赛	第二名	2020.05	叶若茗、王绪林、温子莹
378	文诗涵	重庆市第七届青少年创新思维大赛	第二名	2020.05	叶若茗、王绪林、温子莹
379	谢诗欣	重庆市第七届青少年创新思维大赛	第二名	2020.05	叶若茗、王绪林、温子莹
380	金翔东	重庆市第七届青少年创新思维大赛	第二名	2020.05	叶若茗、王绪林、温子莹
381	夏婉桐	重庆市第七届青少年创新思维大赛	第二名	2020.05	叶若茗、王绪林、温子莹
382	樊蕊嘉	重庆市第七届青少年创新思维大赛	第三名	2020.05	史文平、唐洪、谭晓泉
383	魏渝珈	重庆市第七届青少年创新思维大赛	第三名	2020.05	史文平、唐洪、谭晓泉
384	牟思颐	重庆市第七届青少年创新思维大赛	第三名	2020.05	史文平、唐洪、谭晓泉
385	童诗越	重庆市第七届青少年创新思维大赛	第三名	2020.05	史文平、唐洪、谭晓泉
386	吕雨桐	第二十一届全国中小学电脑制作活动	区二等奖	2020.06	周园
387	向泓羽	第二十一届全国中小学电脑制作活动	区二等奖	2020.06	马婷
388	王希妍	第二十一届全国中小学电脑制作活动	区三等奖	2020.06	毛晴寒
389	苏治铭	第二十一届全国中小学电脑制作活动	区一等奖	2020.06	赵子苇
390	朱泓屹	第二十一届全国中小学电脑制作活动	区一等奖	2020.06	向远超
391	龚奥栩	第十一届江北区青少年科技创新区长奖评选	区长奖	2020.9	张俊锋
392	吴煜涵	第十一届江北区青少年科技创新区长奖评选	区长奖提名奖	2020.9	张俊锋
393	詹沛霖	第二十一届全国中小学电脑制作活动创客项目	区一等奖	2020.11	赵子苇
394	詹沛霖	第二十一届全国中小学电脑制作活动创客项目	市一等奖	2020.11	赵子苇

序号	姓名	获奖名称	获奖等级	获奖时间	指导教师
395	黄泊睿	第二十一届全国中小学电脑制作活动人工智能	区一等奖	2020.11	向远超
396	程子轩	第二十一届全国中小学电脑制作活动人工智能	区一等奖	2020.11	向远超
397	董瀚熙	第二十一届全国中小学电脑制作活动人形机器人	区三等奖	2020.11	陈雪萍
398	朱泓屹	第二十一届全国中小学电脑制作活动人形机器人	区三等奖	2020.11	陈雪萍
399	杨一帆	第二十一届全国中小学电脑制作活动任务型机器人	区二等奖	2020.11	张俊锋
400	李青泽	第十八届全国中小学信息技术创新与实践大赛	恩欧希教育信息化发明创新奖	2020.12	陈雪萍
401	詹沛霖	第十八届全国中小学信息技术创新与实践大赛	恩欧希教育信息化发明创新奖	2020.12	陈雪萍
402	别晓尧	第十八届全国中小学信息技术创新与实践大赛 3D 智能作品创作	区一等奖	2020.12	王晨迪
403	周玮桐	第十八届全国中小学信息技术创新与实践大赛 3D 智能作品创作	区一等奖	2020.12	王晨迪
404	朱昱衡	第十八届全国中小学信息技术创新与实践大赛 3D 智能作品创作	区一等奖	2020.12	王晨迪
405	别晓尧	第十八届全国中小学信息技术创新与实践大赛 3D 智能作品创作	市三等奖	2020.12	王晨迪
406	周玮桐	第十八届全国中小学信息技术创新与实践大赛 3D 智能作品创作	市三等奖	2020.12	王晨迪
407	唐京	第十八届全国中小学信息技术创新与实践大赛 FEG 智能车	区二等奖	2020.12	周园
408	崔嘉豪	第十八届全国中小学信息技术创新与实践大赛 FEG 智能车	区二等奖	2020.12	周园
409	陈菁悦	第十八届全国中小学信息技术创新与实践大赛 FEG 智能车	区二等奖	2020.12	周娟（小）
410	吴梦颖	第十八届全国中小学信息技术创新与实践大赛 FEG 智能车	区二等奖	2020.12	周娟（小）

续表

序号	姓名	获奖名称	获奖等级	获奖时间	指导教师
411	唐京	第十八届全国中小学信息技术创新与实践大赛 FEG 智能车	市二等奖	2020.12	周园
412	崔嘉豪	第十八届全国中小学信息技术创新与实践大赛 FEG 智能车	市二等奖	2020.12	周园
413	陈菁悦	第十八届全国中小学信息技术创新与实践大赛 FEG 智能车	市二等奖	2020.12	周娟（小）
414	吴梦颖	第十八届全国中小学信息技术创新与实践大赛 FEG 智能车	市二等奖	2020.12	周娟（小）
415	李麦溪	第十八届全国中小学信息技术创新与实践大赛互动编程	区一等奖	2020.12	赵子苇
416	胡峻睿	第十八届全国中小学信息技术创新与实践大赛互动编程	区一等奖	2020.12	赵子苇
417	张博涵	第十八届全国中小学信息技术创新与实践大赛互动编程	区一等奖	2020.12	赵子苇
418	胥正杰	第十八届全国中小学信息技术创新与实践大赛互动编程	区一等奖	2020.12	赵子苇
419	李麦溪	第十八届全国中小学信息技术创新与实践大赛互动编程	全国二等奖	2020.12	赵子苇
420	胡峻睿	第十八届全国中小学信息技术创新与实践大赛互动编程	全国二等奖	2020.12	赵子苇
421	张博涵	第十八届全国中小学信息技术创新与实践大赛互动编程	全国二等奖	2020.12	赵子苇
422	胥正杰	第十八届全国中小学信息技术创新与实践大赛互动编程	全国二等奖	2020.12	赵子苇
423	李麦溪	第十八届全国中小学信息技术创新与实践大赛互动编程	市二等奖	2020.12	赵子苇
424	胡峻睿	第十八届全国中小学信息技术创新与实践大赛互动编程	市二等奖	2020.12	赵子苇
425	张博涵	第十八届全国中小学信息技术创新与实践大赛互动编程	市二等奖	2020.12	赵子苇
426	胥正杰	第十八届全国中小学信息技术创新与实践大赛互动编程	市二等奖	2020.12	赵子苇
427	程子轩	第十八届全国中小学信息技术创新与实践大赛机器人平衡车	区一等奖	2020.12	张俊锋
428	黄泊睿	第十八届全国中小学信息技术创新与实践大赛机器人平衡车	区一等奖	2020.12	张俊锋

续表

序号	姓名	获奖名称	获奖等级	获奖时间	指导教师
429	仇梓宸	第十八届全国中小学信息技术创新与实践大赛机器人平衡车	区一等奖	2020.12	张俊锋
430	李林峻	第十八届全国中小学信息技术创新与实践大赛机器人平衡车	区一等奖	2020.12	张俊锋
431	程子轩	第十八届全国中小学信息技术创新与实践大赛机器人平衡车	全国二等奖	2020.12	张俊锋
432	黄泊睿	第十八届全国中小学信息技术创新与实践大赛机器人平衡车	全国二等奖	2020.12	张俊锋
433	仇梓宸	第十八届全国中小学信息技术创新与实践大赛机器人平衡车	全国二等奖	2020.12	张俊锋
434	李林峻	第十八届全国中小学信息技术创新与实践大赛机器人平衡车	全国二等奖	2020.12	张俊锋
435	程子轩	第十八届全国中小学信息技术创新与实践大赛机器人平衡车	市一等奖	2020.12	张俊锋
436	黄泊睿	第十八届全国中小学信息技术创新与实践大赛机器人平衡车	市一等奖	2020.12	张俊锋
437	仇梓宸	第十八届全国中小学信息技术创新与实践大赛机器人平衡车	市一等奖	2020.12	张俊锋
438	李林峻	第十八届全国中小学信息技术创新与实践大赛机器人平衡车	市一等奖	2020.12	张俊锋
439	崔嘉豪	第十八届全国中小学信息技术创新与实践大赛水中机器人协同竞技	区二等奖	2020.12	陈雪萍
440	张恒睿	第十八届全国中小学信息技术创新与实践大赛水中机器人协同竞技	区二等奖	2020.12	陈雪萍
441	李青泽	第十八届全国中小学信息技术创新与实践大赛水中机器人协同竞技	区一等奖	2020.12	陈雪萍
442	詹沛霖	第十八届全国中小学信息技术创新与实践大赛水中机器人协同竞技	区一等奖	2020.12	陈雪萍
443	崔嘉豪	第十八届全国中小学信息技术创新与实践大赛水中机器人协同竞技	全国三等奖	2020.12	陈雪萍
444	张恒睿	第十八届全国中小学信息技术创新与实践大赛水中机器人协同竞技	全国三等奖	2020.12	陈雪萍
445	李青泽	第十八届全国中小学信息技术创新与实践大赛水中机器人协同竞技	全国一等奖	2020.12	陈雪萍
446	詹沛霖	第十八届全国中小学信息技术创新与实践大赛水中机器人协同竞技	全国一等奖	2020.12	陈雪萍

续表

序号	姓名	获奖名称	获奖等级	获奖时间	指导教师
447	崔嘉豪	第十八届全国中小学信息技术创新与实践大赛水中机器人协同竞技	市二等奖	2020.12	陈雪萍
448	张恒睿	第十八届全国中小学信息技术创新与实践大赛水中机器人协同竞技	市二等奖	2020.12	陈雪萍
449	李青泽	第十八届全国中小学信息技术创新与实践大赛水中机器人协同竞技	市一等奖	2020.12	陈雪萍
450	詹沛霖	第十八届全国中小学信息技术创新与实践大赛水中机器人协同竞技	市一等奖	2020.12	陈雪萍
451	任梓豪	第十八届全国中小学信息技术创新与实践大赛智能餐饮机器人	区三等奖	2020.12	向远超
452	田复瑞	第十八届全国中小学信息技术创新与实践大赛智能餐饮机器人	区三等奖	2020.12	向远超
453	任梓豪	第十八届全国中小学信息技术创新与实践大赛智能餐饮机器人	市三等奖	2020.12	向远超
454	田复瑞	第十八届全国中小学信息技术创新与实践大赛智能餐饮机器人	市三等奖	2020.12	向远超
455	金翔东	第十八届全国中小学信息技术创新与实践大赛智能物管大师	区三等奖	2020.12	申志
456	张禹哲	第十八届全国中小学信息技术创新与实践大赛智能物管大师	区三等奖	2020.12	申志
457	周博睿	第十八届全国中小学信息技术创新与实践大赛智能物管大师	区三等奖	2020.12	申志
458	龙飞洋	第十八届全国中小学信息技术创新与实践大赛智能物管大师	区三等奖	2020.12	申志
459	金翔东	第十八届全国中小学信息技术创新与实践大赛智能物管大师	市三等奖	2020.12	申志
460	张禹哲	第十八届全国中小学信息技术创新与实践大赛智能物管大师	市三等奖	2020.12	申志
461	周博睿	第十八届全国中小学信息技术创新与实践大赛智能物管大师	市三等奖	2020.12	申志
462	龙飞洋	第十八届全国中小学信息技术创新与实践大赛智能物管大师	市三等奖	2020.12	申志
463	汪靖博	第十九届全国中小学信息技术创新与实践大赛 FEG 智能车项目	区二等奖	2021.06	陈雪萍
464	吴梦颖	第十九届全国中小学信息技术创新与实践大赛 FEG 智能车项目	区二等奖	2021.06	陈雪萍

序号	姓名	获奖名称	获奖等级	获奖时间	指导教师
465	邓辰逸	第十九届全国中小学信息技术创新与实践大赛 FEG 智能车项目	区三等奖	2021.06	周园
466	田渝民	第十九届全国中小学信息技术创新与实践大赛 FEG 智能车项目	区三等奖	2021.06	周园
467	胥正杰	第十九届全国中小学信息技术创新与实践大赛 TAI 智能车项目	区二等奖	2021.06	向远超
468	董瀚熙	第十九届全国中小学信息技术创新与实践大赛 TAI 智能车项目	区二等奖	2021.06	向远超
469	朱泓屹	第十九届全国中小学信息技术创新与实践大赛 TAI 智能车项目	区一等奖	2021.06	向远超
470	李林峻	第十九届全国中小学信息技术创新与实践大赛 TAI 智能车项目	区一等奖	2021.06	向远超
471	任梓豪	第十九届全国中小学信息技术创新与实践大赛餐饮机器人项目	区一等奖	2021.06	张之源
472	童坤维	第十九届全国中小学信息技术创新与实践大赛创意编程项目	区一等奖	2021.06	王晨迪
473	仇梓宸	第十九届全国中小学信息技术创新与实践大赛水中机器人协同竞技项目	区二等奖	2021.06	赵子苇
474	张恒睿	第十九届全国中小学信息技术创新与实践大赛水中机器人协同竞技项目	区二等奖	2021.06	赵子苇
475	黄泊睿	第十九届全国中小学信息技术创新与实践大赛水中机器人协同竞技项目	区一等奖	2021.06	张俊锋
476	汪渝涵	第十九届全国中小学信息技术创新与实践大赛水中机器人协同竞技项目	区一等奖	2021.06	张俊锋
477	张禹哲	第十九届全国中小学信息技术创新与实践大赛智造未来项目	区一等奖	2021.06	申志
478	陈梓涵	第十九届全国中小学信息技术创新与实践大赛智造未来项目	区一等奖	2021.06	申志
479	田峻林	第十九届全国中小学信息技术创新与实践大赛智造未来项目	区一等奖	2021.06	申志
480	周博睿	第十九届全国中小学信息技术创新与实践大赛智造未来项目	区一等奖	2021.06	申志

续表

序号	姓名	获奖名称	获奖等级	获奖时间	指导教师
481	邓辰逸	第十九届全国中小学信息技术创新与实践大赛FEG智能车项目	市二等奖	2021.06	周园
482	汪靖博	第十九届全国中小学信息技术创新与实践大赛FEG智能车项目	市二等奖	2021.06	周园
483	田渝民	第十九届全国中小学信息技术创新与实践大赛FEG智能车项目	市三等奖	2021.06	陈雪萍
484	吴梦颖	第十九届全国中小学信息技术创新与实践大赛FEG智能车项目	市三等奖	2021.06	陈雪萍
485	胥正杰	第十九届全国中小学信息技术创新与实践大赛TAI智能车项目	市二等奖	2021.06	向远超
486	董瀚熙	第十九届全国中小学信息技术创新与实践大赛TAI智能车项目	市二等奖	2021.06	向远超
487	朱泓屹	第十九届全国中小学信息技术创新与实践大赛TAI智能车项目	市一等奖	2021.06	向远超
488	李林峻	第十九届全国中小学信息技术创新与实践大赛TAI智能车项目	市一等奖	2021.06	向远超
489	任梓豪	第十九届全国中小学信息技术创新与实践大赛餐饮机器人项目	市二等奖	2021.06	张之源
490	黄泊睿	第十九届全国中小学信息技术创新与实践大赛水中机器人协同竞技项目	市二等奖	2021.06	张俊锋
491	汪渝涵	第十九届全国中小学信息技术创新与实践大赛水中机器人协同竞技项目	市二等奖	2021.06	张俊锋
492	仇梓辰	第十九届全国中小学信息技术创新与实践大赛水中机器人协同竞技项目	市二等奖	2021.06	赵子苇
493	张恒睿	第十九届全国中小学信息技术创新与实践大赛水中机器人协同竞技项目	市二等奖	2021.06	赵子苇
494	张禹哲	第十九届全国中小学信息技术创新与实践大赛智造未来项目	市三等奖	2021.06	申志
495	陈梓涵	第十九届全国中小学信息技术创新与实践大赛智造未来项目	市三等奖	2021.06	申志
496	田峻林	第十九届全国中小学信息技术创新与实践大赛智造未来项目	市三等奖	2021.06	申志
497	周博睿	第十九届全国中小学信息技术创新与实践大赛智造未来项目	市三等奖	2021.06	申志